洞察變局 × 思維昇華 × 拓寬眼界……
把握每一個當下，重塑格局，
成為自己的人生領航人！

大格局時代

讓世界為你的氣魄讓步

◎你選擇短視近利，還是布局長遠？
◎你計較一時得失，還是看見更大的可能？
◎命運的疆界，由你的眼界、心態與行動決定

跳脫局限，建立更寬廣的視野
讓未來的你，感謝今天勇於突破的自己！

陳烈仲 著

崧律

目錄

序言

第一章　格局決定了你的結局

為什麼我們要有格局　　　　　　013
格局多大，世界就多大　　　　　018
做人做事都需要格局　　　　　　023
預測未來，從而掌控未來　　　　026
顧大局，就不會「出局」　　　　032

第二章　大格局，就是心態好

不抱怨 —— 格局小的人最愛抱怨　　039
不糾結 —— 有格局，要願意吃虧　　046
要大氣 —— 贏在格局，輸在計較　　052
要樂觀 —— 有好心態，格局不會小　057
要大度 —— 宰相肚裡能撐船　　　　061

目錄

第三章　眼界，是大格局的敲門磚

眼界要寬，格局才會大　　067

思考方式決定人生格局　　070

打破慣性思維　　076

別低估了自己　　082

別被眼前的「浮雲」迷惑　　088

第四章　擔當，是格局的支柱

你的經歷，寫在你的格局裡　　095

負責任是一種人生態度　　100

有擔當，才會有收穫　　106

逃避責任，怎麼能突破　　112

有大格局的人，必定有擔當　　117

第五章　習慣，是格局的模具

要有自制力和自覺　　123

能從細節看見一個人的人生　　128

格局需要時間的打磨　　135

信守承諾，才能獲得更多　　　　141

要有原則，做黑白分明的人　　　144

第六章　拖延，是格局的絆腳石

如何擺脫拖延症　　　　　　　　151

開始行動，才能改變現狀　　　　157

主動的人，掌握自己的命運　　　161

「機會」，是留給有準備的人　　164

不要光說不做　　　　　　　　　169

第七章　毅力，是格局的催化劑

別輕易放棄，堅持下去　　　　　175

別被不相干的事物所迷惑　　　　180

要堅持自己的理想和目標　　　　184

承受挫折，才能衝破阻礙　　　　188

時間終會給你最好的回饋　　　　190

目 錄

第八章　不只世界在變，你也要改變

用長遠眼光看問題	195
別設限，挖掘自己的潛能	201
格局多大，能解決的問題就多大	205
掌控前進的方向	209
控制自己，直面壓力	213

序言

　　格局是個關係到人生大命題的概念。我們談到一個人的成功，往往會連繫到他的人生格局，提及失敗也少不了從人生格局入手尋找問題的根源。原因在於，格局能體現一個人對這個世界的看法，以及在意識形態的驅使下產生的現實表現，都會直接決定一個人最終的人生結局。

　　無論人的外貌多麼完美，也只能在初次見面時發揮作用，來自格局的魅力卻可以歷久彌新，散發出迷人的氣息。格局深入骨髓，與我們的靈魂直接相連，它反映出你的性格、思考習慣、行為方式、意志特質等等。這一切如果能夠適應時代發展，在開拓進取的道路上不斷更新，那麼你勢必會成為一個大格局的人，人生結局也會是成功的！

　　具體來說，我們要如何做才能將人生格局完美打造呢？本書首先從思維層面詳細闡述格局的重要性，然後分別從心態、眼界、責任、習慣、拖延、毅力等方面提供具體的方法，總結出「世界在變，我們也要透過不斷的努力，求新求變」，讓讀者閱後能有效拓展人生格局。

　　為了說明與格局相關的道理，本書引用了古今中外的大

序言

量案例，涵蓋名人、知名品牌的故事，也有發生在現實生活中的大眾故事，還有成熟的學術研究理論。本書希望透過理論與現實的結合，帶給讀者無限力量，找到未來前進的方向，以及明確具體的行動目標和計畫，成為理想的自己。作者希望藉由寫下的一字一句，能在讀者心靈深處引起共鳴。

無論你現在處於什麼樣的人生狀態，是富足美滿的，還是充滿坎坷艱辛，都應當意識到，人生格局的打磨並非一朝一夕，它是一個慢工出細活的過程。這無疑是一種艱鉅的考驗，需要有足夠的毅力，並能夠有效地付諸行動。我們必須明確，行動是改變一切的根本，也是創造一切的根本。唯有行動，才能真正鑄造起人生的大格局，唯有行動，才能令你收穫充滿驚喜的結局。

每個人的人生僅有一次，與其庸庸碌碌地度過，不如為理想奮力一搏，做個堂堂正正的「大格局家」，不枉此生走一回，回首來時路，我們亦問心無愧，對得起自己，也對得起他人和社會。看向未來的時候，我們依舊對自己的人生格局充滿信心，打拚過、努力過、付出過的每一天，都值得期待與回味，無數挫折與磨難，終將成為人生格局的精彩裝飾，令你的靈魂閃閃發光！

今天是最好的當下。機遇對於孜孜不倦奮鬥的人們來說，永遠都唾手可得。我們時時刻刻都在為自己的人生格局

儲備精神能量，創造物質財富，用執著打破命運的枷鎖，在每一次失敗過後，頑強地站起來。

請相信自己內心深處的答案。掌握了人生格局這把鑰匙，便沒有什麼苦難是難以戰勝的。我們在向大格局的成功者致敬的同時，更要感謝渺小的自己，感謝自己的野心與抱負；感謝自己沒有放棄夢想，為了不屈不撓的自己，我們也要積極努力地拓展格局，讓人生變得更好！

祝福每個心存夢想的人，請謹記：無論前路多麼遙遠，你和你的格局同在，你的人生結局由自己書寫。牢牢把握這一切，相信格局的力量，會帶給你的人生翻天覆地的變化！

序言

第一章

格局決定了你的結局

第一章　格局決定了你的結局

　　格局不同，每個人最終的人生結局也不盡相同。你想要擁有什麼樣的人生，首先應當從拓展自己的人生格局入手。這是一個漫長並且充滿艱辛的過程，總是有驚喜，值得我們爲此付出全部的努力。一路走來，你拚盡全力，哭過、笑過、愛過、恨過，所有的打拚與奮鬥、熱淚與汗水，最終會凝結成堅不可摧的力量，將命運的牢籠打破，昇華成最寶貴的精神，幫助你掌控更多的未來。於是我們的人生格局就這樣被擴大，站得高、望得遠，襟懷坦蕩、包容萬物，也唯有如此，才能承載起更多成功的分量。

為什麼我們要有格局

為什麼我們要有格局

　　「高境界」這個詞彙往往讓人聯想到坐擁上市公司的高富帥，以及開著限量版跑車的白富美。不過談到這兩種人的格局，卻不是一味地炫富，他們可是滿腹經綸、有真才實學的，在人生觀、世界觀方面都有自己的獨到見解，且將外界的紛擾視作浮雲，遊刃有餘地處理著生活中的難題，肩負應當承擔的責任。這是很多荷包滿滿但腦袋空空的土豪，難以企及的人生差距。面對這樣的人生格局，人們往往會感嘆：這是一種多麼理想和讓人羨慕的人生境界啊！

　　現在就讓我們來看看，究竟什麼是格局？

　　「格局」從字面上來看，分為「格」和「局」兩個概念。「格」指的是一個人的意識形態，也就是面對一件事情時，你會如何看待它；「局」指的是一個人的行為、情緒以及最終產生的後果等，當你對這件事情形成某種認知後，你要如何去面對和改變現實，從而產生的現實反應。

第一章　格局決定了你的結局

可見,「格」是核心,是一個人最根本的、深入骨髓和靈魂深處的想法;「局」則是一個人對現實產生的影響,它是一種類似於實踐的真實操作。不同的人,因為性格不同、成長經歷不同,看待問題的角度和處理事務的方法千差萬別,所以他們的格局也不盡相同。

這其中非常關鍵的一點是,格局由長期的習慣養成。它需要時間的累積,不會突然出現,也不可能瞬間消失。所以格局可以影響人的一生,不同的格局,令每個人的生命軌跡大相逕庭。

德國民間流傳一個故事:有一對雙胞胎兄弟出生後,耳朵聽不到任何聲響,雙胞胎哥哥對這件事耿耿於懷,總因此大發脾氣,他什麼都不想做,還經常以自己耳朵不好為理由,逃避責任,不敢面對失敗。哥哥就這樣庸庸碌碌地長大成人,成人後的他也只是一個耳朵不好的普通人,終日自怨自艾,為生活的貧窮憤憤不平,每天的日子都是灰暗的。

雙胞胎弟弟則覺得雖然自己耳朵不好,但眼睛很好啊!於是弟弟開始學習畫畫。即便身處鬧市,也能心無旁騖地畫畫,耳朵不好反而讓他變得非常專注。繪畫帶來的成就感讓弟弟更加勤奮地創作。若干年後,弟弟成為一名出色的畫家,在繪畫領域取得極高的藝術成就。他創作的每幅畫作都價值不斐,不僅衣食無憂,還獲得足夠的成就感,對於耳朵

為什麼我們要有格局

聽不見這件事,弟弟完全不在意,媒體也把這件事當作勵志故事報導,人們更關注的是弟弟在繪畫領域所取得的成就。弟弟的人生格局相比於哥哥寬敞了許多。

有句老話說得好,我們用什麼樣的眼光來看待這個世界,世界就會給我們什麼樣的回報。這其實講的就是一個人的「格」,也就是你的意識。如果我們想對這個世界帶來影響,如果你想要改變目前窘迫的現狀,首先從意識層面進行改變。你需要積極用發現的眼光看待事物好的一面,從而找到正能量的源頭。只有在正面的意識形態下,「局」才會幫助你走向成功。若思想根源是負面的、錯誤的,你做再多事情也只是徒勞無功。

西元 1943 年,美國心理學家亞伯拉罕・馬斯洛(Abraham Maslow)提出著名的需求層次理論。這個理論不僅在行銷、心理學等很多領域被廣泛應用,對於一個人的格局也是至關重要的。它向我們揭示了一個道理──格局是一個人生存和發展的根本需求。

馬斯洛的需求層次理論針對人性,將需求分為五個層次。第一個層次是最基本的生理需求,通俗地講就是吃飯、喝水、睡覺等維持人體生存的需求;第二個層次則在一定意義上升到心理層面,主要指那些可以讓一個人建立安全的需求,比如人身安全、健康、工作等等;第三個層次是來自於

015

第一章　格局決定了你的結局

愛與歸屬的需求，主要指與親人、愛人、朋友等社交關係的建立；第四個層次涉及對於自我的認知，強調一個人有被尊重和認可的需求，也就是人要在自我（他人）的肯定中獲得自信；第五個層次自我成就的需求，能自我實現與突破，激發個人的創造力、解決問題的能力等。

從馬斯洛的需求層次理論來看，一個人的格局也恰恰是從這樣最初的生理階段，逐步向更高階段塑造的。我們只有在填飽肚子的基礎上，才可能對周圍環境更加信任，從而建立安全感。人的內心深處也只有擁有安全感，才會與他人真心交往。當你建立一定的人脈之後，行動上會更加遊刃有餘，從而贏得他人的認可與信賴。這便是我們擴展格局的基礎。

擁有大格局人生的人，勢必不會是餓肚子的人。同時，不餓肚子也是人類生存的基礎。同樣的道理，高大上的人生格局，令一個人的內在和外在都變得很強大，他不再是一個任憑命運擺布的渺小物種，而是可以實現「我的人生我做主」。這種高層次的心理需求誰不想擁有呢？沒有人願意永遠被貧窮困擾，更沒有人願意頭上永遠頂著「平凡」二字。即便有些人口口聲聲說自己只想做個普通人，但面對家人，難道就不想用自己的力量讓他們過得好一點嗎？某種程度上，普通往往意味著懦弱和對現實的妥協。特別是當自己感到力量

有限的時候，普通便成了逃避責任的藉口。無論如何逃避，能逃得過殘酷無情的現實嗎？

因此，「想」決定了你的需求。你是否已經意識到，我們一路走來的這段人生，都在有意無意地塑造著自己的人生格局。為何有些人成功了，而有些人至今還庸庸碌碌、無所作為呢？其中的關鍵點在於，你是否有意識去塑造自己的人生格局，並思考人生格局與本性的契合度有多高？

主動的人生才是積極的人生。既然我們來到這個五彩斑斕的世界，就應當真真正正、好好的活一回，活出我們想要的精彩。所謂好好的活，就是去努力塑造完美的人生格局，讓自己把握命運，逐步向上發展。故步自封的格局是狹隘的，如同畫地為牢。每天有所進步、充滿鬥志地勇往直前，這樣的活法才是真正的精彩，擁有這樣人生格局的人，才不枉此生。

第一章　格局決定了你的結局

格局多大，世界就多大

　　每個人的格局都是不一樣的。你要為自己的人生畫個圈，還是要把它建成廣闊的大舞臺，由你自己決定，由你手中掌握的人生格局決定。我們必須相信自己，能把理想人生活到現實生活，成為自己理想中的人，過上自己理想中的日子。這絕不是異想天開，而是站在現實基礎上，憑藉格局的智慧，一磚一瓦地為自己建一座金碧輝煌的人生殿堂。

　　格局這件事的出發點是公平的，無論你是富二代，還是上班族，只要你想放大自己的人生格局，這其中的機率便是對等的。即便你生下來就富可敵國，若沒有理想，不積極行動，每天總是好吃懶做，再多財富早晚會坐吃山空。換句話說，就算是草根，懷抱著遠大理想，每天持之以恆地努力，終究會聚沙成塔、積少成多。草根逆襲成為大神的例子也不在少數。這說明什麼？一個人的成功，與他的家庭和出身是沒有關係的，至關重要的就是他的格局，是他對這個世界的

格局多大，世界就多大

認知和每天的所作所為。

西周周幽王就是一個格局非常小的人，也正因為狹隘的人生格局，親手葬送周朝的大好江山和皇權。周幽王身為一國之君，本應見多識廣，但他卻相當昏庸無道，每天只顧著喝酒享樂，沉浸於靡靡之音，不理朝政，便讓許多奸佞之臣鑽了空子，打著幫助周幽王治理國家的幌子，謀求個人利益，霍亂朝綱。

周幽王迷戀一位褒國戰敗後所獻的冷艷美人褒姒，她長相傾國傾城卻不愛笑，有著冰山美人的氣質。周幽王為了搏褒姒一笑，採納虢石父之議，舉烽火召集諸侯於驪山前，諸侯國看到周幽王點燃的烽火，趕緊帶領著大隊人馬前來救援。當諸侯們的各路兵馬慌張抵達後，烽火臺上的褒姒看了，覺得他們被騙的樣子實在好笑，忍不住笑出了聲。周幽王看著愛人笑得如此開心，他自己也心花怒放。

周幽王把注意力集中在兒女私情上，沒有意識到國家安危已經受到威脅。因周幽王用烽火戲弄諸侯，以致於後續犬戎等少數民族大舉進攻鎬京時，周幽王再去點燃烽火，各路諸侯以為又是周幽王為博褒姒一笑的騙局，已不願理睬，最終一國之君周幽王被殺、褒姒被擄下落不明，周朝迎來亡國的結局。周幽王的人生格局僅限於美色與吃喝玩樂，不僅葬送王位也葬送性命。

019

第一章　格局決定了你的結局

　　與小格局的人相比，大格局的人生舞臺顯得非常遼闊。即便起點不高，但努力向巔峰攀爬，眼界也因此看得長遠，往往能夠從整體看待問題，眼前的小挫折、小坎坷也就不足為奇了。你可以隱忍著堅強面對問題，戰勝自己、戰勝困難。隨著時間能消磨掉曾經浮躁的情緒，消磨不掉的是你堅硬如磐石的意志。所以說格局大的人，注定會走向成功。就算出身平凡，也具有創造輝煌的潛質，他們需要足夠的耐心和勤奮的練習，等恰到好處的時機出現時，就會順理成章地收穫成功，獲得別人認可。

　　幫助周文王、周武王滅掉商紂王、建立周王朝的姜子牙，就是一個大格局的人。據說姜子牙70歲之前，一直碌碌無為。姜子牙家祖上雖然曾當過官，在大禹治水的時候功勞不小，可後來家道衰落。到了姜子牙這一輩，家裡已經窮得身無長物。姜子牙為了生存，在市場上當過屠戶賣牛肉，還為了賺到更多錢跑去賣酒。不過即使如此，姜子牙從未耽誤學習，他一邊做生意，一邊抱著書本認真閱讀。無論是軍事學、地理學、天文學，還是君主的治國之道，姜子牙都做過深入研究。他耐著性子等待自己展現才華的機會，等得頭髮都白了，依舊沒有灰心喪氣，堅信自己終有一天會成大器。

　　正是因為擁有這樣明智的格局，姜子牙後來遇到周文王這位懂得識人用人的英明君主。那時姜子牙坐在渭河邊上，

格局多大，世界就多大

悠閒自得地釣著魚，剛好與周文王相遇。周文王見姜子牙雖然是位上了年紀的長者，卻氣度不凡，於是上前與姜子牙聊天。在聊天過程中，周文王發現姜子牙是位難得的人才。姜子牙思想深遠，對天下形勢看得很透澈，思路也非常清晰，於是周文王邀請姜子牙幫助他治理國家。姜子牙的才能有了真正的用武之地，他幫助周文王整頓軍隊、施行仁政，周文王成為一位深受老百姓愛戴的君主，很多諸侯國心甘情願前來歸順，這也為周武王滅商奠定了堅實的基礎。

我們可以想像一下，如果姜子牙當初不勤奮刻苦地學習，就算遇見周文王，恐怕也難有什麼出色的表現。這其中，姜子牙的格局起到了多麼巨大的作用。他面對沒落的家庭沒有氣餒，對於窘迫的現實也沒有妥協。姜子牙始終在積極準備著，他不能準確計算機會何時到來，但他有信心，一旦機會來臨，自己勢必能將其抓住。這是需要勇氣的，同時也是一個大格局的人應當具備的一種能力。

人和人之間總是存在著各式各樣的差異。有位俄國詩人曾經說過：「如果你總是嘗試去和別人比較，那麼你便總會在比較中受到無窮無盡的打擊。」每個人生下來都是與眾不同的，有著獨特的性格，不一樣的家庭，未來的路也是獨一無二的。他人有很多東西和優勢是我們沒有的，我們也有很多他人沒有的東西和優勢。

第一章　格局決定了你的結局

　　小格局的人或許看不到自己的優勢，故步自封，經常為自己目前所擁有的沾沾自喜。他們沒有長遠的眼光，不會站在整體上思考全域性，只侷限在當下，為了一點私利，渾渾噩噩地活著。這樣的人，人生舞臺很小，更確切地說，他們的人生沒有舞臺可言。

　　大格局的人卻完全不同。他們不在乎現狀多麼糟糕，也不會抱怨命運對自己有多麼不公平。大格局的人有一種執拗的堅持，堅持打破命運的牢籠，用自己勤勞的雙手創造想要的生活。大格局的人總是無休止地拓展著自己的人生，他的人生舞臺便隨之越來越大，世界也顯得異常開闊。有著這樣格局的人，便會有更高更大的追求。這是一種對自我靈魂的昇華，這種對於自我追求的不滿足，足以讓一個人創造奇蹟，並牢牢地掌握和把控命運。

做人做事都需要格局

人生在世有兩件至關重要的事情要做：第一是做人，第二是做事。不過，無論是這兩件事情中的哪一件，想要成功，首先要把格局搭建好。有了格局作為核心，便會成為一個堂堂正正、頂天立地的人，這個人所做，勢必會是一種對人對己，乃至對整個社會都有著非凡意義的事情。

先說做人。同樣是存活於世，有格局的人，除了每天勤勤懇懇地工作和生活，還會有一個努力不懈的目標。也許他不富有，但格局讓他早晚成為富人；也許會遇到很多挫折和失敗，但有了格局，他就會站在更高的地方，看得更長遠。眼前的磕磕絆絆，也就能夠咬著牙堅持過去。

在大格局的人面前，現實條件永遠都不是最重要的。真正重要的是這個人的靈魂。如果他總是向著光明前進，人生格局的每個角落都灑滿溫暖的陽光，何愁不會成功！

再說做事，大格局者勢必做的是格局很大的事。格局很

第一章　格局決定了你的結局

大的事所為何事？有部分人往往存在理解上的錯誤，認為大格局的事情就是消耗鉅額財富，調動大量資源，從而實現自身利益最大化的事。可事實並非如此，因為完全建立在利己主義基礎上的事情，即便運作的是過億資產，到頭來終究逃不過小打小鬧的套路。個人的荷包被填滿，可這件事因為格局小，做事的方法也不會光明磊落到哪裡，早晚會付出相應的代價。

真正大格局的事是對整個社會、對國家、對他人有利的事情。用句老話來說就是「大家好，才是真的好」。只有這樣，這件事才能被很多人接受和支持，人們也願意長久地把這件事情做下去。

格局對一個人的影響是全方位的，對一件事情的影響是具有決定性的。我們想要讓自己在有生之年不白活，真正立於不敗之地，讓一件事情能夠成功，就必須去探索其中的格局，並透過身體力行，腳踏實地地將格局一磚一瓦建造起來。

有的人覺得成功很難，可如果你牢牢抓住了格局這個關鍵因素，成功就一點都不困難了。無論是做人還是做事，都要隨時自省，如果你發現自己在為人方面尚需改善，就要以那些大格局者作為參照，做個光明磊落的人；如果一件關乎理想的事情還沒有起色，那就韜光養晦，先建立好格局，

並耐心等待機會的到來。我們必須要意識到，人無格局不立，事無格局不成，重視格局，終有一天你會成為理想中的樣子。

第一章　格局決定了你的結局

預測未來，從而掌控未來

　　神祕的魔法師對著眼前的水晶球嘰哩咕嚕唸了一串咒語，然後擺弄了幾下手指，水晶球上便浮現關於占卜者未來的畫面。這是不少奇幻色彩的電影中常看到的情節，特別是故事裡的主角遇到難題、不知所措的時候，往往會藉助水晶球預測未來，從中找尋問題的答案。

　　可是現實生活中的人們都知道，水晶球外表雖美，但怎麼可能預測未來呢？它對於一個人發展的未來，絲毫沒有建設性可言。

　　那為什麼我們又這麼在意自己的未來呢？因為未來是我們現在前進的方向。對於大格局者而言，預見到未來，腳下的路就可以走得更篤定，所做的計畫也能更科學和完善，也能高效率實現目標。更重要的是，如果我們能夠預見到未來，現階段就能迅速調整和改進，規避出錯的可能，少走彎路，成功也會離我們越來越近。

預測未來，從而掌控未來

可是既然世界上沒有一件東西能夠準確地幫助我們預測未來，那是不是就說未來真的是不可預見的呢？其實並不是這樣的。真正能夠預見到未來的，不是什麼奇珍異寶，也不是哪位世外高人，而是我們自己，是我們透過不斷的行動和實踐獲取經驗後，頭腦中形成的一種對於未來的推測和揣度能力。

對於這一點，春秋戰國時代的思想家墨子，早就看明白了。墨子有一次揹著行李，打算去北方的齊國。半路上遇到一個詭譎的算命先生。算命先生仔細打量墨子，就對他說：「我看你臉色發黑，這是不祥之兆啊！今天玉皇大帝在北方殺了條黑龍，所以我勸你還是別往北邊走了。」墨子聽算命先生這麼說，覺得他簡直是胡說八道，沒理會算命先生，一聲不吭繼續向北方走。

可是墨子走著走著，發現前面有條水流湍急的大河，行人一時無法渡過，因此墨子只原路返回，等待水勢稍緩再渡河。

返回的墨子又遇到算命先生。算命先生看到墨子，得意地說：「你看，我剛剛跟你說什麼？告訴你不要去北方，還不聽我的話，現在又回來了吧！」

不信邪的墨子，理直氣壯地反駁算命先生。墨子說：「現

027

第一章　格局決定了你的結局

在那條河不能通過，住在南邊的人不能北上，住在北邊的人也不能南下，這些人有的臉色白，有的臉色黑，為什麼大家都無法渡河呢？再說了，如果玉皇大帝在東邊殺了條青龍，在南邊殺了條赤龍，在西邊殺了條白龍，在北邊殺了條黑龍，像你之前所說，那全天下的人哪兒都不能去了，你這明顯是在瞎說嘛！」

算命先生被墨子能言善道地反駁，一時之間不知道說什麼才好。

不信邪的墨子，沒有聽信算命先生，而是相信自己的判斷。我們想要預見到未來的前提，就是像墨子那樣不信邪。不要試圖用迷信思想揭示未來，那樣只會令你陷入無盡的混亂之中。有的人更是憑藉夢境、巧合等，想為自己的未來找到答案。殊不知這都是在浪費時間。與其把時間花費在解釋迷信，不如去客觀地分析現狀，用科學的方法預測未來，從而更好地掌控未來。這也是一個人從現實基礎上有效拓展自身格局的最佳途徑。

美國的智庫公司蘭德公司（RAND Corporation），曾創造出一種名為專家調查法的預測方法，也稱德爾菲法（Delphi method）。這種預測方法雖然主要應用於企業，但是對於我們個人，也有非常好的借鑑作用。德爾菲法告訴我們，預測未來應以實地調查為基礎，徵求多人的建議，從而對未來做出

預測未來，從而掌控未來

正確的推測和判斷。為了實施德爾菲法，往往需要專門組成一個預測小組，預測小組的成員也要盡量保證身分和背景各不相同。他們以匿名的形式，分別針對關於未來的具體問題填寫調查表，提出相應的意見。這些調查表收回後經過專人統計整理，再以匿名的形式回饋給預測小組的成員。接著這些成員便要進行第二輪的問卷填寫，進一步提出相關意見。經過多輪回饋後，最終形成對未來的預測結果。

德爾菲法充分反映一個核心思想，就是人多力量大，集眾多聰明頭腦的智慧，給出關於未來的合理答案。這種方法的缺點就是預測小組的成員在提出意見時，難免會摻雜主觀色彩和個人意志，所以在形成關於未來的預測結果時，還要盡可能地剔除主觀因素。

不過，像德爾菲法這樣，站在現實的基礎上遵循一定的程式，合理預測未來，遠比占卜和算命先生的信口胡說科學許多。

對於個人而言，運用德爾菲法，就是廣泛徵求他人的建議。你也可以製作一個調查表，針對某個關於未來的具體問題，徵求家人、朋友等人的意見並彙整數據，盡量不帶感情色彩地判斷預測。身邊的親朋好友，就是我們拓寬格局的智囊團。他們真誠地關心、愛護你，發自內心地希望你能過得好。所以這些人往往能站在你的角度，同理地思考問題，同

029

第一章　格局決定了你的結局

時用旁觀者的角度，幫你看清未來會遇到的障礙，或提出跨越障礙的中肯意見。

當然，不可否認的是，關於未來，最終的決策者還是自己。這就要求我們必須避免情緒對理智的影響，特別是那些負面的和過激的情緒。情緒是真相的勁敵，情緒常會令人衝動，令真相變得模糊。特別是聽到他人所說與自己想法相悖的建議時，情緒常會令你在第一時間想要否定對方。如果我們能讓自己心平靜氣，認真思考提出這些建議的立足點，並衡量未來發生的可能性，無論接受與否，在自己心中也就有明確的答案了。

這也就是為什麼歷史上有作為的君主，周圍總是有很多能夠替他出謀劃策的能人。唐太宗李世民就是這樣，唐太宗的大臣魏徵，可說是歷史上有名的「建議王」。他一針見血地向皇帝諫言，唐太宗也有對魏徵不耐煩的時候，甚至被魏徵的話激怒，但還是很好地控制自己的情緒，以平和的心態去思考魏徵的建議，從而對事態發展做出了正確的判斷。這就是一個明君的格局。

渴望擁有成功的人，勢必要對自己的格局下很多功夫。對於未來的預見性，是非常重要的一個組成部分，它決定著人生的成敗。一個人是這樣，團隊是這樣，企業的發展更是這樣。

預測未來，從而掌控未來

　　預見未來，如今已逐漸發展為「預測學」。其中的預測分析法在經濟學、數學、統計學等領域都被廣泛應用。客觀事實被量化成數據，人們開始以建設模型的思維來歸納分析這些數據，盡可能地對未來做出科學的預測。大格局的人掌控未來，在客觀事實的基礎上，以科學方法行動，也不是什麼高難度和不可能實現的事情了。

第一章 格局決定了你的結局

顧大局,就不會「出局」

人作為存活於世的獨立個體,為實現自己的人生夢想努力打拚,更要顧全大局、承擔家庭的責任、為社會做出貢獻。這就是一個人完整的全域性意識,有了這樣的全域性意識,我們的所有行動才有價值和意義。

就個人而言,放眼全域性,必須學會全盤規劃自己的人生,這樣才能踏實和充滿自信地往前邁進。如果每天都思考今天或者明天的事情,不去思考三十年、五十年後的自己要如何過日子,更懶得思考自己究竟想要創造怎樣的人生,這類人的格局勢必小得可憐。因為他沒有遠大的理想,更談不上會規劃自己的人生,活著就是為了吃飯和睡覺,每天睜開眼就是上學、上班,回到家後閉上眼就又過了一天。他覺得思考人生是件很累的事,眼前的生活已經讓他覺得滿足,殊不知平淡的日子未必就可以過得輕鬆。人活一世,不可能每天都順順利利,這樣安於現狀的人,如果遇到某些大的變

顧大局，就不會「出局」

故，往往一蹶不振。屆時不僅從平淡的生活中「出局」，往後的日子可能會越過越糟糕。

有個年輕人，父親是企業老闆，母親是私立學校的老師。由於是家裡的獨子，父母總把最好的一切都留給他。在父母的安排下，年輕人進入當地的貴族學校就讀，後來又被父母送到國外留學。大學畢業後，父母怕孩子在國外吃苦，就在國內替年輕人找了一份清閒的工作。對於父母的安排，年輕人非常滿意，他每天下班回家後，不是坐在電腦前玩遊戲，就是外出和朋友們在網咖玩通宵。

他很少思考自己的人生，也從未從整體角度考慮自己在接下來的人生道路，是否需要進修和提升。未來有什麼目標，年輕人而言，更是天方夜譚。直到有一天，年輕人的父親因為公司破產病故了，母親也因為父親的離世悲痛欲絕，沒多久也相繼去世，父母雙亡的年輕人，變得迷茫、不知所措。年輕人清閒的工作被某個公司高層的親戚頂替，簡直禍不單行。曾經對現狀心滿意足的年輕人因此失業，連基本生活都成了問題。你說，這個缺乏人生全域性觀念的年輕人，是不是被命運輕易地踢出局了呢？不過年輕人並沒有向命運妥協，這些變故反而成為他思考人生的契機。年輕人開始思索生命的意義、思慮自己的未來，想方設法依靠自己的力量，堂堂正正地站起來。他之前學過音樂，便跑去培訓機

033

第一章　格局決定了你的結局

構，教小朋友學打非洲鼓。有了工作之後，年輕人發現，兒童音樂培訓市場很火爆，於是他四處代課賺錢，存了一些錢便與朋友合作，創辦了一家屬於自己的音樂培訓學校。這時的年輕人已經徹底改變，玩樂不再重要，奮鬥才是當務之急。他詳細地規劃出了自己十年、二十年後的奮鬥目標，除了把現在的音樂培訓事業做好外，他還準備進軍兒童英語市場。

全域性觀念對團隊和社會而言至關重要，我們往往要懂得顧全大局，為了實現集體目標，要勇於擔當，以開放的心態與他人積極合作，多為集體和社會做貢獻。有時甚至需要你放下個人利益，從大局的角度去做事。不過，當團隊目標實現了、社會大環境因為你的努力變得更加和諧，那麼我們個人也會受益匪淺。

總之，格局從某種意義上指的就是一種能夠放眼全域性的態度，以及在全域性觀念指導下，所採取的能夠有效實現目標的措施。放眼全域性時，是需要有所取捨的。對於某些小的利益以及影響目標實現的機會等，如果不忍放下，很可能會落得滿盤皆輸的下場。始終盯著自己那一畝三分地的人，不能稱為是大格局的人。

例如南宋時期害死岳飛的大奸臣秦檜、清代乾隆年間的大貪官和珅。他們的格局之內只有自己，完全不顧國家利

顧大局，就不會「出局」

益，最終下場悽慘。

可見格局與人生結局有著必然的關聯。全域性觀念和顧大局的意識，更是重中之重。有大格局的人非常善於全盤考慮問題，不會推卸和逃避責任，無論面對的是什麼樣的命運，都可以遊刃有餘地戰勝並駕馭它，不會出局。

第一章　格局決定了你的結局

第二章

大格局，就是心態好

第二章　大格局，就是心態好

人活著，其實活的是一種心態。你的日子過得好不好、你的精神層次有多高，他人的評價並不重要，重要的是你以怎樣的心態來看待這一切。無論多麼強烈的光芒，照在物體上，都會投射出陰影。那為什麼大格局的人，卻總能看到事物的陽光面呢？其中的關鍵就是心態。樂觀積極的心態，能夠讓一個人凡事總往好處想，不抱怨、吃得起虧、不鑽牛角尖。在這些好心態的指引下，我們對人對己，對這個世界，也能有更多寬容了。

不抱怨 —— 格局小的人最愛抱怨

法國作家安妮・埃爾諾（Annie Ernaux）曾經說過：「擁有好的心態，就算你眼前的現實慘不忍睹，命運也能開出絢爛的花朵。」擁有大格局的人，勢必是一個心態好的人，他不會沒完沒了地抱怨，而是理智地看待和分析問題，用行動去改變現狀。好心態不僅能讓我們看到事物陽光的一面、看到希望，更會讓我們清醒地意識到，自己並不是一個澈底的失敗者。與其把時間和精力花在抱怨上，不如去做些更有價值的事情。

有本暢銷書叫做《不抱怨的世界》（A Complaint Free World），由美國知名牧師威爾・鮑溫（Will Bowen）所著。這本書面世之初，不僅登上了亞馬遜、誠品等各大書店暢銷書排行榜的第一名，也受到了很多成功人士的青睞。前微軟執行長比爾蓋茲（Bill Gates）對這本書的評價極高，聲稱如果不看這本書，那麼其他所有的書也沒必要看了。與此同時，

第二章　大格局，就是心態好

眾多成功人士，也都重磅推薦了這本書。美國《時代週刊》（*TIME*）、英國《衛報》（*The Guardian*）、法國《世界報》（*Le Monde*）等眾多媒體，也都對這本書做了報導。

究竟是什麼原因，讓這本《不抱怨的世界》吸引眾多人氣，如此受歡迎呢？其中有個特別吸引人的焦點，作者威爾·鮑溫提倡用 21 天時間，參與「不抱怨」運動。為了讓人們經常提醒自己不要抱怨，威爾·鮑溫還想出一個戴手環的好辦法。他專門製作了一種看上去很醒目的紫色手環，讓參與者戴在自己的手腕上。在參與活動的 21 天內，任何時候，如果你發現自己在抱怨，那就把手環拿下來，戴到另一隻手腕上去。就是這樣一個簡單的舉動，堅持 21 天之後，很多人發現，自己不僅對不抱怨這件事非常重視了，甚至還養成了不抱怨的思考習慣。遇到問題先認真審視，想辦法解決，而不是張嘴就說些充滿負能量的話。很多人的生活和事業，因此發生了鉅變。

於是全球有 80 多個國家，開始風靡威爾·鮑溫所倡導的「不抱怨」運動，有 600 多萬人受益。人們甚至認為，這本名為《不抱怨的世界》的暢銷書對心靈的影響力，僅次於《聖經》。它讓每一個閱讀者意識到，想要命運有所轉變，自己必須先做出改變，而這樣的改變只是約束自己不抱怨的一種堅持。如果你能夠堅持半年或者一年以上不抱怨，那麼抱怨的

負能量便會永久地遠離你了。

　　站在旁觀者的角度來看,大多數人心裡非常清楚,抱怨是件非常討厭的事情。他會讓一個人看上去像個傻瓜,滿嘴都是些不入耳的胡言亂語,行為舉止也變得瘋狂怪異。可在面對挫折、失敗時,很多人就是忍不住要抱怨,這時的他們,事後甚至對自己都會感到非常厭惡。這說明什麼?說明抱怨從某種程度上來講是人的一種失控行為,抱怨之所以產生,是因為毫無理性可言的情緒化占了主導。

　　日本心理學專家曾經對抱怨做了針對性的研究,他們指出,愛抱怨的人,往往是內心比較脆弱和自我控制能力較低下的人。面對紛繁錯雜的問題,如果你覺得自己一時解決不了,往往就會去大聲抱怨。奧地利著名心理學家西格蒙德‧佛洛伊德(Sigmund Freud)也指出,人在遇到變故時,內心深處會產生自我保護機制。也就是說,我們為了讓自己能夠覺得好受一些,有時會需要以抱怨的形式,把情緒發洩出來,或者是透過抱怨,把現實合理化。不過這種心理上的自我保護,如果不配合行動去改變現狀,不僅於事無補,有時還會適得其反,令原本就難以解決的問題變得更加嚴重。愛抱怨的人便很可能因此沉淪下去,破罐子破摔,變得越發無所作為。

　　仔細分析一下人們抱怨的內容,你就會發現,抱怨無非

第二章　大格局，就是心態好

　　分為對人的抱怨和對事的抱怨。對人的抱怨，多數是因為某事而埋怨他人，把所有過錯都推卸到他人頭上，好像這件事與自己沒有任何關係一樣，這是大多數人抱怨的主要形式和內容。有時我們也會抱怨自己，對自己的過錯感到自責，或者覺得自己一無是處等等。對事的抱怨，往往在沒有人可以抱怨的時候才會發生。會抱怨這件事的不合理性，或者抱怨命運的不公等。總而言之，抱怨讓我們看到的，總是事物不好的影響。這就如同陽光照在一個物體上，愛抱怨的人看到的，永遠都是東西遮擋住陽光後的陰影，殊不知事物迎著陽光的一面，或許分外美好。

　　有位老教師，教書育人一輩子，培養出了很多優秀的學生。這位老教師的學生，有在哈佛大學留學的商界菁英，有在演藝圈打拚的出色製片人，還有活躍在各行各業出類拔萃的人才。老教授也因為豐富的教學經驗和富有創新精神的教學方式，在工作期間獲得了很多榮譽。學生、家長、老師，幾乎所有人，都對這位老教師既尊敬又愛戴。

　　可是歲月不饒人，轉眼間，大半輩子過去了，老教師要退休了。離開學校的最後一天，大家看著老教師默默地將自己的辦公桌收拾好，拎著數十年都沒有更換過的黑色公事包，落寞地走出了學校大門，心中有些淒涼與不捨。有人感嘆，老教師教出了那麼多優秀的學生，退休了自己卻什麼也

沒留下。甚至有人猜測，老教師退休回家後，該多麼落寞啊，也許他每天都會抱怨退休生活的無聊，抱怨學生們是白眼狼，不到家裡來看他，抱怨退休金少得可憐，抱怨身體不健康⋯⋯

八卦的人腦補出了老教師退休回家後的很多頹廢畫面，可是沒過多久，老教授的發展令人出乎意料，他成為國內知名攝影雜誌的專欄作家。老教師拍攝的旅行照片，還獲得了國際大獎。有記者便跑去採訪老教師：「有的老年人退休後，往往需要很長一段時間去調整。我很好奇，難道您退休後，就沒有一點心理不平衡或想要抱怨嗎？」老教師笑了笑回答道：「失落倒是有一點，不過我可沒時間抱怨。因為退休讓我意識到自己老了，未來的時間真就不多了，所以我得抓緊時間把喜歡做的、想做的事情趕緊完成。我年輕的時候就很喜歡攝影，可是後來當了老師，每天授課就已經非常忙碌了，根本沒有時間去研究攝影。這下退休了，我有大把時間攝影，於是我就去世界各地風景優美的地方拍照片！我走了很多地方，拍了很多照片。我把這些照片寄給雜誌社，沒想到真的發表了。退休這件事，讓我的人生翻開了嶄新的一頁。我可不想把寶貴的時間浪費在抱怨上。」

老教師說得沒錯，抱怨的負能量是極大的，它對我們最直接的影響就是，浪費了很多寶貴的時間。抱怨還會讓一個

第二章　大格局，就是心態好

人變得越來越憤世嫉俗，如果你每天都以一種悲憤的狀態活著，眼睛裡看到的也往往是那些令人不滿的事情。你一遍又一遍地對這些已經存在的現實發表著不滿的評論，抱怨來抱怨去，嘴裡的話說出去了，卻沒有採取任何行動去改變現狀。與此同時，他人看待愛抱怨的你時，也往往會覺得你這個人沒什麼格局，甚至不願意與你交往。

抱怨帶給人的負面影響，不僅是心理方面的，還會影響到人際交往、解決問題的能力，甚至會影響到一個人的創新精神。每天都在抱怨，每天都習慣了抱怨，天天都被負能量包裹著，這樣的你還怎麼去自我提升，更談不上追求人生長遠的目標了。

所以我們必須要停止抱怨，這不是什麼難以辦到的事情。你可以像威爾・鮑溫倡導的那樣戴上手環，以此提醒自己不要抱怨。也可以專門找個貼心的朋友，在自己抱怨時，讓他狠狠地在你手臂上掐一把。當然，停止抱怨最好的方法，就是讓自己行動起來、忙碌起來，積極地為了改變現狀而努力。把你的時間表盡可能排滿，讓生活高速運轉起來，這樣也就沒時間抱怨了。

周星馳的電影《功夫》中，包租婆頭上頂著髮捲，嘴裡叼著煙，穿著睡袍潑婦罵街的形象，令人印象深刻。事實上，愛抱怨的人讓人留下的印象，又能比包租婆這搞笑的形象好

多少呢？

　　如果想做一個有格局的人，想要讓自己擁有功成名就的一生，首先就需要擁有好心態。這樣的好心態，也必須要從不抱怨開始。也只有這樣，你才能獲得令自己奮勇前行的正能量，不會被負能量打垮。

第二章　大格局，就是心態好

不糾結 —— 有格局，要願意吃虧

在探討吃虧這個話題之前，我們先來看看時下非常流行的免費試吃和試用。像德國的百年護髮品牌施華蔻（Schwarzkopf）、法國知名彩妝品牌巴黎萊雅（L'Oréal Paris）等國際知名品牌，通常都會免費發放贈品小樣給潛在顧客。別克（Buick）汽車推出新款車型時，會邀請顧客試駕。燒烤店、西餐廳、麵包店開業，也會喊出免費試吃的促銷口號。再來看看教育培訓領域，無論是小朋友在 0 到 6 歲上早期教育，或學畫畫、學鋼琴，還是成人學英語、學電腦，都可以先免費試聽一節課。網路上也出現了以提供免費試用為主的網站，在免費獲得試用體驗的同時，只需要回饋使用心得就可以了。

「免費」這兩個字眼實在是太誘人了。對於大多數消費者來說，反正是免費的，嘗試一下也無妨。可對於商家來說，這種先讓消費者免費體驗，再決定購買與否的促銷方式，部

分商家就是抱著吃虧是福的心態進行。商品好不好、銷售體驗是否令人滿意，消費者試過後說了算。敢讓人免費嘗試，說明商家對自己的商品以及提供的服務有一定信心。所以商家表面上因為免費而吃虧，實際上未必吃虧。很多消費者恰恰是因為試過商品以及享受過服務之後，進一步激發購買欲望，於是產生購買行為。這種行為有時是非常瘋狂的，消費者甚至還會把親朋好友也介紹過來一起購買。

這就如同若干年前，老大爺拉著一車蘋果到大街上叫賣：「瞧一瞧，看一看啦，新鮮的蘋果，先嘗後買，不甜不要錢！」老大爺真的吃虧了嗎？恐怕大多數人嘗過之後，發現蘋果很甜很好吃，還是非常願意掏腰包購買的。蘋果一下子就賣光了。老大爺看著豐收的腰包，心滿意足地微笑，再計算一下消費者試吃的一小部分蘋果，表面上吃了小虧的老大爺，還是賺到了不少錢。

仔細觀察熱衷於用「免費」來吸引消費者的商家，你會發現，越是大品牌，提供的試用品或者是試用體驗就越值錢。這些試用品往往都非常精緻，在細節的處理上也非常到位。比如香奈兒（Chanel）香水、口紅等試用品，雖然分量比專櫃販賣的商品少了一些，但在包裝、商品含量上，與專櫃正品毫無差別。很多人甚至專門收集這些試用品，作為禮物，拿來送人。大品牌確實是吃得起虧的，也深知吃虧是福的硬

第二章　大格局，就是心態好

道理。他們願意相信，消費者如果對商品的試用裝感興趣，獲得了非常棒的試用體驗後，是會更加關注並傾向於購買產品的。

大品牌願意吃虧，擁有大格局的人同樣願意吃虧。大格局的人往往不把得失看得很重，即使表面上吃虧了，卻總是能看到吃虧背後的收穫。誠然，這種吃虧是福的心態確實是難能可貴的，但是想要真正做到，絕對不是件容易的事。它往往在很多做大事的人身上，有明顯的體現。

春秋時期，吳國和越國爭霸天下。吳王夫差軍事力量強大，打敗了越王勾踐。當時輔佐吳王夫差的大臣伍子胥，勸他殺死勾踐，以免後患無窮。可是吳王夫差因為急著北伐，就沒有澈底消滅越國，反而將越王勾踐扣押在吳國當人質。吳王夫差這一行為，引來了日後的殺身之禍。

既然成了吳國的人質，越王勾踐只好在吳國忍辱負重地生活。堂堂一國之君，竟然要為吳王養馬和趕車。這樣的日子整整過了三年，勾踐也吃了三年的虧。不過這都是值得的，他因此讓吳王相信了自己，覺得越國不會再反抗吳國，後來吳王夫差便將越王勾踐放回自己的國家。

越王勾踐因此獲得了再度發展的機會，他回到越國後勵精圖治，將越國的經濟、政治、軍事都推上了一個新臺階。

特別是在軍事方面，越王勾踐吸取之前戰敗的教訓，專門加強軍隊作戰技能的訓練，讓人對士兵使用弓箭的技巧還有格鬥技能等加以指導，還號召將士們要服從指揮，彼此配合作戰。為了將吳國澈底打敗，越王勾踐在外交上也下了很大的功夫，他聯合齊國、晉國等諸侯國，暗中在吳國內部製造矛盾。

經過十年的準備，越國變得非常強大，在國力和軍事上終於超過了吳國。越王勾踐帶著自己的精兵強將，澈底了消滅吳國。不僅報了當年忍辱負重的仇，也成為春秋時期的霸主之一。

我們可以拿越王勾踐和吳王夫差做個比較。吳王夫差一心想著快點稱霸天下，卻沒有看透越王勾踐是個有大格局的人。在吳國的那三年，對於越王勾踐來說，應該是人生中最為屈辱的一段歲月。如果換作是其他君主成了階下囚，每天還得小心伺候著仇人，恐怕當下就想拔劍自殺了吧，越王勾踐卻能一直隱忍著，直到吳王把自己放了。這讓我們不得不感嘆越王勾踐當時的心態，他是有怎樣的格局，才可以真正做到如此忍辱負重啊！

很多人吃不了虧，主要原因就在於他們怕自己是真的虧大了。這樣的心態就像三歲的孩子有一輛心愛的滑板車，有天鄰居家的孩子來家中做客，非要玩玩滑板車。這孩子就是

第二章　大格局，就是心態好

不答應，即便平時他和鄰居家的孩子很要好也不行。為什麼呢？因為孩子擔心鄰居家的孩子玩過滑板車之後，就會把滑板車拿走，再也不會還回來了。可是作為孩子的父母，往往是心中有數的。父母知道，即便是鄰居家的孩子想把滑板車拿走，他的父母也不會同意，就算是自家孩子的滑板車真被拿走了，鄰居明天也會再送回來。即便是滑板車不被送回來，父母也還有足夠的錢，可以為自家孩子買個新的滑板車。

孩子的父母吃得起虧，是因為人生閱歷豐富，手中掌握著足夠的資源。孩子要想像父母一樣，用平常心來看待滑板車，那是需要時間慢慢成長的，不能一下子就要求孩子成為像父母那樣的人。

所以從這個角度來看，肯吃虧的好心態，也不是一朝一夕就能形成的。它需要時間加以歷練，需要人生路上的磕磕絆絆加以打磨。其中，行動是關鍵。做的事情多了，吃的虧多了，你發現面對命運中的大風大浪，自己竟然也走過來了，於是便能夠坦然面對。況且在吃虧的過程中，你累積了很多有用的經驗和教訓，還看清周圍哪些人是真正的朋友、哪些人只是與你逢場作戲。這時環顧四周，你就會發現，自己的人生格局已經大了不只一圈了。

老子說：「禍兮，福之所倚；福兮，禍之所伏。」作為

道家思想的始祖，老子早就看透吃虧這件事。福與禍相伴相生，事物總是具有兩面性。運氣好的時候，可能樂極生悲，運氣不好的時候，也不用太難過，說不定會有什麼好事發生。當我們吃虧時，未必是真的吃虧，如果能夠意識到吃虧背後的所得，便可以有針對性地採取行動。

吃虧對於一個人的成功，是具有極大指導意義的，它完全可以上升到人生策略性的高度。無論是想要戰勝自己，還是想要打敗競爭對手，抑或是要與命運抗爭，只要能吃得起眼前虧，相信你最終能取得更大的勝利。我們也可以清晰準確地告訴自己，現在吃虧就是為了實現既定目標。所以，不要糾結小得失，不要在意旁人所說的混淆視聽的話。既然你心存夢想，放下該放下的、堅持該堅持的，吃點虧不算什麼。勇敢向前走，未來大獲全勝的結局也終將屬於你！

第二章　大格局，就是心態好

要大氣 ── 贏在格局，輸在計較

　　有位廣告界的女強人，結婚前在廣告界說一不二、呼風喚雨。她經手的專案，無一不是業界的成功案例。這位女強人在廣告圈的名聲響亮。她結婚後生下了一個漂亮的女兒，女強人太愛這個孩子了，她決定用自己的畢生精力經營家庭幸福，將女兒培養成傑出的孩子。於是女強人便從公司辭職，曾經的女強人搖身一變，化身成了為孩子和家庭操勞的全職媽媽。

　　最初，女強人懷著一顆慈母心，打算把全部精力都花在培養孩子上。她想把自己的女兒培養成一個健康、善良、聰明、漂亮的女孩。從孩子一出生，她就堅持母乳餵養，然後帶著孩子不辭辛勞地上早教。她脫下幹練的職業裝，換上寬鬆休閒的居家服飾，在廚房裡為孩子做一頓又一頓美味的餐點。孩子大一些後，她就陪著孩子學英語、學舞蹈、學樂高……

不過說實話，教育孩子這件事未必比處理職場事務容易。孩子小的時候學爬學走路，她怕孩子受傷，就常常用臂彎抱著孩子。以至於孩子運動得少，學會走路就比較晚。原本好勝心就很強的她，看到別人家孩子都會跑了，可自己的孩子站著還常常摔跤，心理就不平衡了，她覺得自己在職場上都是最優秀的，怎麼回歸家庭照顧孩子卻沒有那麼遊刃有餘。再聯想到自己付出那麼多，以及自己曾經在職場上的輝煌，她就鑽牛角尖了。

後來孩子上了幼稚園，她原本覺得自己能鬆一口氣，可是孩子時常生病，在幼稚園的出勤率低得可憐。再到後來，她陪孩子學鋼琴，老師說孩子動作不協調，鋼琴學得還沒有年齡小的孩子好。孩子上學後，老師又對女強人說，孩子的專注力不夠，課堂表現不好。

女強人多麼希望自己的孩子完美無缺啊！可是孩子好雖好，成長過程中卻總是遇到各式各樣的問題，讓她操碎了心。她就更鑽牛角尖了，開始思考自己這樣付出究竟值不值得。為了培養孩子，她放棄了喜愛的工作、付出了所有的心力，但孩子的表現總是很平庸，沒有任何亮點。有時孩子不好好練琴，老師派的作業不想好好做，她就更生氣了，覺得自己的孩子怎麼就那麼懶。她越想越氣，尤其是孩子被老師說教之後，她更主觀地認為孩子不機靈，於是經常對孩子大

第二章　大格局，就是心態好

發雷霆。她變得喜歡挑毛病，每天悶悶不樂，不想做飯，也不想陪伴孩子，什麼都不想做。看著鏡子裡疲憊不堪的自己，再想到那個曾經充滿鬥志的自己，忽然憂鬱了起來。原本人生格局很大的女強人，卻變成格局非常小的家庭主婦。

我們站在旁觀者的角度看，女強人遇到的主要問題無非就是教育孩子的問題。可是為什麼在職場上格局很大的她，回歸家庭後，格局反而變小了呢？如果深究一下女強人的所思所想，你就會發現，她作為一個母親，太鑽牛角尖了。每次孩子達不到她的心理預期時，她就會把孩子的成長問題想得很嚴重。殊不知，家庭不是職場，孩子也不是員工。孩子的天性就是玩耍，女強人讓孩子練習鋼琴或者是學習時，孩子不願意，這其實是很正常的，可是她卻直接將孩子貼上了懶惰的標籤。老師責備了孩子，她就高高在上地指責孩子笨，卻沒有換個角度，站在孩子的立場上尋找問題的根源究竟在哪裡。就這樣，她越是覺得自己教育不好孩子，越是鑽牛角尖，最終把自己做全職媽媽的熱情都掐滅了。

如果我們做一件事缺乏熱情，那是非常可怕的。熱情從何而來？從我們對事情的興趣、對未來的追求，以及行動過程中獲得的成就感而來。熱情本身就如同燃燒的火焰，多數時候都是短暫的。我們需要採取不同的方法，在追求理想的漫漫征途中，一遍又一遍地點燃熱情。好心態就是一種行之

有效的方法，我們要善於換個角度去調整自己的心態，不要鑽牛角尖。

故事裡的女強人後來怎麼樣了呢？我們不得不敬佩這位偉大的母親，她是當之無愧的女強人，最終還是從牛角尖裡走了出來。在教育孩子方面心灰意冷的她，決定重新回歸職場。由於放不下孩子，所以她選擇了工作時間比較自由的與廣告相關的兼職工作。沒想到一邊上班一邊帶孩子反而讓她能夠更客觀地看待孩子的教育問題了，她開始站在孩子的角度去思考。是啊，孩子還小，怎麼可以用大人的高標準來要求她呢？自己的孩子健健康康的，智商、情商都發育正常，而且在幼稚園裡還很會交朋友，人緣也特別好，這不就是孩子的優點嗎？

換了一個角度，女強人忽然可以用平常心看待教育孩子這件事了。當她不再鑽牛角尖，對孩子的態度也變得親切與平和。孩子感受到了媽媽的變化，表現得越來越好。

我們要想換個角度去看待問題，為人生創造一個大格局，必須要做到以下三點的：

首先，如果你已經盡力而為，事情卻依舊停滯不前、毫無進展，那麼你需要放緩或者停下前進的腳步，而不是一味地勇往直前。這樣能夠有效避免你去鑽牛角尖，同時也可以

第二章　大格局，就是心態好

節約資源，不用浪費更多的時間和精力做那些對於實現目標毫無意義的事情。當我們對現實感到無能為力時，其實不應該強求，應該給自己時間加以沉澱，停下腳步審視自己，在你審視自己的時候，會有不一樣的驚喜。

其次，當你發現自己總是在對他人提出各式各樣要求的時候，趕緊對自己喊「停」。這樣能夠避免你對他人雞蛋裡挑骨頭，從而減少因為鬧情緒對他人和自己產生負面影響。對他人的過多要求，只會讓真正的朋友遠離你。停止對他人的非分要求，友好地對待朋友，你贏得的將會是他人的尊敬、感激以及長久的友誼。

再次，理智地去發現事物的其他方面，從中尋找機會。條條大路通羅馬，解決問題的方法往往不止一個，從不同的角度探尋可以使你看待事物的方式更立體，更能夠從全域性來看待事物，也更容易看清事物的本質。

宋代詩人陸游有「山重水複疑無路，柳暗花明又一村」的千古名句，如今也常說：「見山開路，遇河搭橋。」世上沒有解不開的難題，愛鑽牛角尖的人卻常常會自我設限，將問題複雜化，甚至遺忘最初的理想。

要樂觀 —— 有好心態，格局不會小

英國有一句諺語很有意思：「樂觀者在災難中看到希望，悲觀者在希望中看到災難。」這一起一落，樂觀者和悲觀者之間似乎分出了天壤之別。也許很多人不贊同這種論調，認為樂觀與否只左右情緒，不引領人生道路。然而縱觀現實中的千萬例子，無論是樂觀之人比之悲觀之人，還是某個人的「樂觀時期」比之其「悲觀時期」，兩者的人生落差和個中滋味，足以證明心態在生命中確實發揮著超越我們想像的影響力。

樂觀的人，格局遠遠大過悲觀的人。對於樂天派來說，人生的格局不是封閉的，而是向四面八方敞開的，這代表他們的人生有著無限的可能性。在工作上遇到難題時，他們不會悲觀退縮，而是抓緊時間想辦法解決問題。

悲觀的人還在忙著哀怨過去的時候，樂觀的人早就理清了思路，看到了未來。樂觀的人的人生格局是活的，他們眼

第二章　大格局，就是心態好

光更遠、眼界更高、心態更沉穩。

從自身感受來說，樂觀者毋庸置疑占據了絕對優勢。悲觀的人不僅日常情緒時常陷入低落，內心承受的煎熬也是成百上千倍的。這種說法並不誇張，試想，每個人在社會上生存都有一定的壓力，樂觀的人善於排解，壓力就成了酒後的故事、醉後的眼淚。傾訴一場、發洩一場，醒後又是豔陽天；悲觀的人不善紓解，壓力堆積在心中，就會逐漸成疾，甚至可能造成悲慘的結局。

有人也許會說：「江山易改，本性難移。我本就多愁善感，怎樣才能化『悲』為『樂』，讓格局由小變大？」其實，讓自己變得樂觀一些，並不是什麼困難的心理建設，樂觀也並非高高在上的險峰。不過，想要改變心態，單靠自己恐怕是不夠的，還需要別人的幫助，尤其是對於那些在生命的旅途中誤入黯淡角落的人。一位曾經與張國榮有過多次合作的知名造型師，談到其不幸遭遇時掩面哭泣：「那件事情其實是可以避免的。如果作為好朋友的我們，能夠多給他一些關懷和幫助，他可能就不會走上絕路。」這句話其實也可以反過來想：假如有一天，你陷在深深的負面情緒之中無法自拔，你不停地問自己：「為什麼我的人生如此失敗？」那麼請你一定不要因為自尊而掩蓋自己的負面情緒，勇敢地拿起電話，向朋友或者專業人士傾訴自己的煩惱。當你願意和外界溝通

時，你可能會發現，自己的世界並非那麼糟，你也並不是一個「失敗的人」。

美劇《慾望師奶》(Desperate Housewives)中有這樣一個情節，引起了很多人的強烈共鳴。有著四個孩子——其中三個是七、八歲男孩的家庭主婦勒奈特，每天承受著獨自一人照顧孩子的壓力，並且要不斷地為三個「熊孩子」的淘氣收拾爛攤子，常常累到虛脫，卻得不到家人的理解。終於有一天，她再也忍不住即將崩潰的神經，將四個孩子塞給鄰居，狂奔到一個空曠的足球場，癱倒在地上。恍惚之中，她彷彿看到曾經也是一位家庭主婦、不久前剛剛自殺的好友，正向自己慢慢走來，並伸手遞給她一把槍，似乎在對她說：「拿起它，你就解脫了。」她臉上掛著絕望的淚，正要伸手去接那把手槍，這時她的兩個好友前來安慰她。

勒奈特痛哭起來，開始訴說自己心中既矛盾又痛苦的感受，她認為自己是一個失敗的母親，無法管理好自己的孩子，過著世界上最令人崩潰的生活。她哭完，同為家庭主婦的布里特卻笑了笑，拉著她的手說：「親愛的，妳是這個世界上最偉大的母親。我只撫養了兩個孩子，卻有過比妳更加強烈的痛苦。在別人眼中，我是個完美的母親，我從來不大聲訓斥女兒和兒子，總是照顧好他們生活的一切。但實際上，我曾經的感覺和妳一樣，我覺得我糟糕透了，孩子們從來沒

第二章　大格局，就是心態好

有真正喜歡過我這個母親，他們討厭和我交流，討厭我為他們做的一切。我有時會恨自己，又很生他們的氣⋯⋯那時我覺得，我的生活完全是黑暗的。天哪，為什麼我們從來沒有分享過自己的這個感受呢？我們都以為自己是唯一失敗的母親，卻不知道幾乎所有的母親都有這些糟糕的經歷⋯⋯」勒奈特聽著，慢慢止住了眼淚，和她的朋友擁抱在一起。

生活是具有欺騙性的，有時把我們哄得很開心，有時卻喜歡和我們開帶有「惡意」的玩笑。如果我們上了當，陷在悲觀的情緒裡不肯出來，就會越陷越深，最後失去快樂，甚至失去人生。如果你幫助不了自己，那麼一定要尋求外界的幫助。只有學會理智地看待人生的人，才能搞清楚問題所在，也才能樂觀地尋求解決之道，樂觀地繼續前行。

要大度 —— 宰相肚裡能撐船

大度的人,格局往往也很大。

「宰相肚裡能撐船」形容一個人寬宏大量,大人有大量的意思。為什麼宰相要這麼大度呢?因為能做到宰相這種高層職位的人,除了博學多才之外,還需要具備很高的情商。特別是在協調人際關係方面,要善於揣摩皇帝的意圖,還要弄清楚朝廷裡各位官員的立場、管理好形形色色的官員,從而真正處理好關係到國家發展的大事。宰相每天面對的最多的問題,應該就是人事方面。如果對他人沒有足夠的寬容,下屬稍微一犯錯,宰相就喊打喊殺,那麼朝廷裡還有誰會心甘情願地效命?從某種角度上來看,皇帝當得好不好,與宰相的格局有著很大的關聯。大度的宰相,往往能輔佐出一位聖明的君主,更會為國家的政治帶來清明的局面。

呂端是北宋太宗統治時期的一位宰相,他不僅學識淵博,還有著寬容坦蕩的胸襟,他的事蹟一直是後人津津樂道

第二章　大格局，就是心態好

的話題。

當時的北宋官場，大臣權貴之間明爭暗鬥，呂端才能出眾，性格又非常正直，因此被人嫉妒，受到誣陷。於是皇帝貶了呂端的官職，讓他收拾行囊回家去。呂端連半句抱怨的話都沒有，回到家鄉之後，面對那些前來巴結討好他的人，呂端把自己已經不是宰相的實情大大方方地告訴了他們。有些勢利眼同鄉，不僅不再搭理呂端，甚至還想把送給呂端的禮物要回來。如果換做一個心胸狹窄、肚量非常小的人，恐怕會氣急敗壞，但是呂端面對這些人的態度，則是坦然相待、順其自然。

不過呂端畢竟是一個非常有才的人，他的才能和品行也是宋太宗最為欣賞的。所以後來，宋太宗還是再次啟用了呂端，恢復他的官職。那些曾經因為呂端失勢就遠離他的同鄉，又拿著各式各樣的禮物來獻殷勤。呂端身邊的僕人看不下去了，對呂端說：「這些人太勢利了，老爺您現在既然已經官復原職，就應當給他們點顏色瞧瞧！誰叫他們之前對您那麼不好，做得那麼過分！」

可是呂端並沒有想要和這些人計較的意思。因為呂端心裡清楚，對他人的過錯耿耿於懷，其實是在浪費自己寶貴的時間，只有寬恕原諒他們，自己才有更多的時間和精力，去做對國家和社會有益的事。呂端不想和那些人有過多往來，

要大度—宰相肚裡能撐船

所以只是擺了擺手，原諒了他們。

呂端因為廣闊的胸襟，注定會成為一個做大事的人。宋太宗更是評價呂端「小事糊塗，大事不糊塗」。呂端也憑藉著自己的大度，成為一代明相，對於平衡北宋朝廷內部的人際關係、穩定朝政，有著至關重要的作用。

大度的人，往往能夠容忍很多常人不能忍的事情。在人生的道路上，我們只有盡量放寬心，才可以在得失成敗面前顯得不那麼浮躁。耿耿於懷的人，每天都活在自己在意的事情裡。他們分外在意的事情，幾乎成了人生格局的全部。殊不知這些事情之外，其實別有一番天地。

人應當活得灑脫一些，我們需要學著去原諒，學會寬容地對待他人、對待自己以及命運的不公平。當你有了這樣的覺悟時，自身的格局也變得不一樣了，就能跳出原來的圈子，發掘出自身尚未被發掘的潛能。

新聞曾經報導：有位大學剛畢業的女子，騎著電動車趕著去一家公司面試，遇到交通擁堵，她的電動車不小心刮花了一輛價值百萬的跑車，但是女子沒有趁機逃跑，而是誠懇地拿出身上所有的錢和身分證，向車主保證一定照價賠償，車主被女子的真誠感動，擺擺手說：「不用賠了，反正我也要換車，妳走吧！」這位車主的舉動很暖心，非常令人敬佩。

第二章　大格局，就是心態好

如果多一些像這位車主般，格局這麼大的人，世界將會變得更美好。

也曾看過一則新聞報導：有位快遞人員為了快點送快遞，向一位為難他的阿姨下跪。照片上快遞人員的背影顯得那麼淒涼和落寞，而那位阿姨則顯得那麼刁蠻和醜陋。這種揪住一點雞毛蒜皮的事就不放的格局，著實令人厭惡，她如果對人總是這麼尖酸刻薄，缺乏應有的寬容，周圍人對她也好不到哪裡。這樣的人，又怎麼能擁有真正美好幸福的生活？

人生不如意十之八九，總有一些人會在不經意間冒犯你。對於他人的過錯，可以選擇原諒，也可以選擇透過正當的途徑維護自己的利益，但是不要把太多的時間放在無用的損耗上。把我們的時間和精力，用在與實現目標直接相關的事情上。

第三章

眼界,是大格局的敲門磚

第三章　眼界,是大格局的敲門磚

千萬不要小看眼界,它關係到我們對這個世界的認知。一個人的眼睛盯在什麼地方,那裡往往是他邁向成功的最佳落腳點。當我們的眼界變得足夠開闊時,意味著頭腦中儲備了更多的資訊,在遇到困難和挫折時,頭腦會變得更加靈活。

眼界要寬，格局才會大

　　眼界是什麼？字面意思是一個人眼睛所能看到的範圍。不過我們通常會使用眼界的引申含義，也就是指一個人是否見多識廣。眼界在相當程度上與我們的成長經歷和自身閱歷有著必然的連繫。

　　法國民間有句諺語：「你曾經走過什麼樣的路，決定了你未來要在什麼樣的路上走。」意思是說，你以往的經歷影響著你的眼界，而你的眼界，決定了你人生各式各樣的選擇。很多時候，一個人能否成功，努力固然非常重要，但在眼界影響之下的選擇，往往能夠事半功倍。

　　還有句話叫「讀萬卷書，行萬里路」，可見眼界與個人的知識量有關係。

　　不過值得注意的是，那些死讀書的人和全世界走馬看花旅遊的人，未必眼界就寬廣。知識只有應用於實踐才會真正對現實產生作用，死讀書的人只是把知識死記硬背。你讓他

第三章　眼界，是大格局的敲門磚

們說出知識的深層內涵，並能活學活用，就成為不可能的事情了。這也是為什麼很多死學書本知識的人，即便考試能取得高分，但是步入社會、走入職場，卻表現得很平庸。還有些人，坐飛機繞著地球轉了大半圈，回家後依舊會在家庭矛盾中苦苦掙扎。知識沒有融入靈魂深處，眼界表面上寬廣，實際上狹窄，格局自然不會有多少改變了。

　　如果你想開闊自己的眼界、拓寬人生格局，還有一個行之有效的方法，就是盡量去與不同的人接觸，從他人身上吸取正能量。獨立存在的個體，在意識上勢必會有狹隘的一面。不同的人，身上往往有著不同的閃光點，特別是那些經歷過大風大浪的人，你如果可以坐下來和他好好聊聊，眼界也自然會開闊很多。

　　唐代著名詩人王維有「眼界今無染，心空安可迷」的詩句。眼界連著一個人的心，而心中的所思所想，恰恰影響著這個人的格局。因此我們不僅要時時處處拓寬自己的眼界，還要把看到的事情內化成一種強大的動力，從行為上體現出改變。在這個過程中，我們還要對資訊加以鑑別，及時刪除那些無用的、有害的資訊。抵制住誘惑，不要讓它們影響你做決策。

　　現實生活中，見多識廣的人往往自帶光環。他們因為眼界寬廣，對人性、人生有深刻理解，所以總是非常善解人

意，性格寬容隨和，舉手投足間流露出一種讓人舒服的大器。要成為這樣的人並不難，所需要做的，就是盡可能地去開闊眼界，然後將收集到的資訊內化，形成有建設性的行為。當你因為眼界的改變，做出了一些對自我有所突破的事情時，你的格局也會在不知不覺中改變。也只有身體力行，眼界與格局之間才會架起一座寬闊平坦的橋梁，讓你向著成功大步邁進。

第三章　眼界，是大格局的敲門磚

思考方式決定人生格局

　　網路上曾經流傳著這樣一個小故事：一對兄弟，先後兩天分別出現在當地報紙上。哥哥剛當上參議員，就取得了不小的成績，為國家做出了貢獻，記者前往採訪他，並將他的事蹟登上報紙。而弟弟卻因為殺了人，被判無期徒刑，他的事情作為負面新聞也出現在了報紙上。記者在採訪哥哥時，問了他一個問題：「是什麼促成了你今天的成就？」哥哥說：「其實我出生在一個不太幸福的家庭。我的父親是個好賭又酗酒的人，每天都在輸光錢後醉醺醺地回家，還會出手打人。我沒有辦法，只好自己努力奮鬥，去改變生活。」

　　弟弟在監獄裡也接受了一個記者的採訪，同樣被問：「你認為是什麼導致了今天悲劇的發生？」弟弟嘆了口氣說：「我出生在一個不幸的家庭。我的父親既好賭又酗酒，他每天都在賭場輸掉身上的錢，然後到朋友家喝個爛醉，回到家就總是發脾氣，經常動手打我。在這樣的環境下長大，你說我能

有什麼辦法呢？」

　　兄弟兩個人在同樣的環境中長大，但因為思考模式的不同，兩人的人生天壤之別。從他們的故事中不難看出，思考方式在相當程度上決定著人生的格局。你是如何看待現狀的，關於人生有著怎樣的思考，那麼你最終的人生也往往會遵循思維的方向發展。哥哥經過認真思考，從父親失敗的人生中得到教訓，不斷刷新和放大自己的人生格局，其正確的思考模式為自己的人生保駕護航，得以在正路上走得一帆風順。弟弟不懂思考，或者說他不懂什麼是正向思維，在原本的小格局中和外界相處，才會放任自己在錯誤的人生道路上前進，最終釀成苦果。

　　每個人的人生都是如此，經過正向思維的認真思考後，內心就有一份堅定的對錯認知，從而在這個基礎上不斷地自我鞭策。這會讓你不至於像個沒頭蒼蠅那樣，到處觸犯底線，而是腳步堅定地前行。加上努力前進的奮鬥精神，秉持著一種頑強的執著，人生格局就會越來越寬闊，正確的方向最終能引領自己不斷獲得輝煌的成就，從而創造出有價值的人生。

　　那麼，怎樣保持正向思維呢？如果我們仔細觀察優秀人士的行事方式，就不難看出他們都有以下幾種思維。

第三章　眼界，是大格局的敲門磚

　　優秀的人，一定具有目標導向型思維。沒有目標的人生就沒有什麼正確思考模式可言，即便有也是無稽之談。目標是決定人生格局的最基本前提，也是努力的第一驅動力。優秀的人往往都很善於挖掘自己心中的願望和目標，之所以說「挖掘」，是因為他們懂得最原始的欲望才是最具有吸引力的。很多人為自己的欲望裹上了漂亮的包裝，動輒談人生理想，以顯示自我格局不一般，實際上一步一步把目標變為現實的，往往是勇於把最真實的想法展露出來的人。只要行為合法，你可以大大方方地去追求財富。只要心甘情願，也可以為了愛情過不一樣的人生。無論什麼樣的目標，只要把它具象化，然後腳踏實地實現它，這才是大格局人的作為。

　　有個老闆在公司全員大會上問大家：「你們在這裡工作的目的是什麼？」被點名的員工有的回答：「為了自己的理想！」有的回答：「為了公司的明天！」還有人回答：「為了實現自我價值！」老闆笑了笑：「要我說，每個人的目的都是賺錢。」臺下沉默了半分鐘，員工們笑著鼓起掌來，耿直的老闆一語道破了大多數員工的心聲。

　　很多人目標感不夠強烈，而有些人則是為自己的目標加上冠冕堂皇的名字，有這兩種思維的人格局往往也是虛的，自然無法高效率地做出成就。我們完全沒必要對自己的目標遮遮掩掩，光明正大表達即可。換句話說，樹立一個清晰可

行的目標,就是每個人最該具備的第一種正向思維。有了目標,每天做起事才會更加有力量。

優秀的人還具備整合型思維。所謂整合,就是不排斥任何人和資訊,有足夠的包容力和吸收力,從而不斷地接受或獲得對自己有利的東西。人們常說,聰明的人見到人才,會努力也成為那樣的人,而最終能成功的人,是努力將人才為我所用。有如此智慧和胸懷的人,人生格局必然不會是狹隘的。

這種包容力同時也應表現在處理資訊的方面。優秀的人很少阻絕外部資訊,他們會像海綿吸水一樣,盡可能多吸收一些資訊,然後從中挑選出對自己有益的部分加以保留。那些只守著自己一片小天地做事的人,才不喜歡接受新鮮事物。越是卓越的人,越喜歡閱讀種類繁雜的書籍,他們什麼都想了解一下,什麼都渴望弄明白。而一個人越成功,其興趣愛好往往越廣泛,這不是因為成功的人有財力培養更多的興趣愛好,而是他們更懂得有容乃大的道理,他們善於整合,善於從外部資訊中汲取對自己有價值的東西。就像賈伯斯在創立蘋果公司之前,曾經遠赴印度尋找靈感。誰會想到,做科技產品的人會去寺廟裡尋找度過難關的方法呢?可是他去了,最終以自己的方式得到了想要的答案,並且創造出了改變世界的產品。

073

第三章　眼界，是大格局的敲門磚

　　優秀的人，總是張開自己的懷抱，不拒絕任何了解世界的機會，因為他們懂得一個道理：有些事情看上去沒有用，卻可能發揮大用。以如此思維做事的人，人生格局自然會越來越大。

　　還有一個非常重要的，就是利他思維，也就是指做事情會站在他人的角度考慮，不是只想著自己。這個思考方式看似屬於道德層面，但實際上卻實實在在是優秀的人必須具備的思考方式之一。

　　不用太費力觀察，你會發現，這個世界上成功的人肯定非常善於利他。這是聰明人都懂的道理。單純的利己主義者太過愚蠢，他們把關注力過多地放在自己身上，以為這是完成自我成就最便捷的途徑，但是最終他們只能獲得短期收益，而長期的大收益絕不屬於他們。這也說明利他思維是為大格局服務的，利他思維最終的導向仍然是在自我成就的大廈上添磚加瓦。

　　常見的利己主義者是什麼樣的？他們會把工作中的資訊和技能藏起來，生怕別人偷去一丁點，為的是每月薪資有少得可憐的上漲幅度；利己主管最典型的利己手段，是想方設法減少員工利益，以不斷爭取每個季度的成本支出能再少一些；生活中最利己的人，常常對人黑著臉，蠻橫、霸道且小氣，只為有好東西可以自己獨享。最終這些人會獲得什麼？

工作中的利己主義者也許每月都多拿了一點薪資,但是不懂合作的他鮮少有升職機會;利己的主管或許每季度會多獲得一些利潤,但是他永遠都不可能把事業做大;生活中的利己主義者永遠都不會吃虧,然而他不會有真正的朋友,也永遠不會懂得生活的真諦,格局大小自然不必多言。因此,聰明人總是願意慷慨幫助他人,為他人提供價值的人,才能常常得到他人提供的價值。

　　思維是可以後天訓練的,懂得以更正確、更開闊的方式思考的人,他的人生格局必定也會得到不斷的提升。

打破慣性思維

慣性思維是指人的思考模式成了一種習慣,在面對不同事物時,往往也只會用同樣的方式進行思考。

顯然,慣性思維在一定程度上會影響人們對事物的正確判斷。世界上沒有人是知道全天下所有的事情和道理的,在不了解一件事物的本質或真相之前,以慣性思維判斷事物難免會出現錯誤。再者,世間萬物都在不停地變化著,即便是以前的真實,也有可能變成今天的虛假,因此慣性思維也不可信。

與此同時,習慣很有影響力,養成好的思考習慣,往往能徹頭徹尾地改變一個人,但是如果堅守著壞的思考習慣,也能夠在短時間內毀掉一個人。總是以固有思維思考的人,人生格局如同陷在一個思想的監牢裡,被慣性思維拖拽著,難以保持其應有的價值。

讓我們來看一個因慣性思維而判斷錯誤的例子。

打破慣性思維

有一天,甲問了乙兩個問題。甲:「第一個問題。現在如果需要你投票選舉一位領袖,但是候選人只有以下這三位,你會選哪一個?候選人 A 是個老菸槍,好酒且每天必須飲八杯以上馬丁尼,他迷信星象占卜,有婚外情,還和一些不太誠實的政客有所往來;候選人 B 在大學的時候吸過鴉片,有點懶,每天睡到中午才起床,同樣好飲酒,每天必須喝大量威士忌,且工作時有兩次被解僱的記錄;候選人 C 是一位受過勳章表揚的戰爭英雄,素食主義者,不抽菸,偶爾喝一點啤酒,沒有發生過婚外情。」

乙:「不能管理好自己的人,怎麼能管理好政府。我選 C。」

甲:「候選人 A 是富蘭克林・羅斯福,候選人 B 是溫斯頓・邱吉爾,候選人 C 是阿道夫・希特勒。」

甲:「第二個問題。一個患有梅毒的女人懷孕了,如果已知她的所有孩子中,會有三個聾人、兩個盲人、一個智力障礙者。你會建議她墮胎嗎?」

乙:「這還用問嗎?我一定會盡力說服她去墮胎。」

甲:「你剛剛的決定殺掉了貝多芬。她是貝多芬的母親瑪利亞・瑪達琳娜・凱維利希。」

這個例子就是一種典型的慣性思維,心理學上叫做「冰

第三章　眼界，是大格局的敲門磚

山理論」（Iceberg Theory）。「冰山理論」是指，事物呈現往往只是很小一部分，大多數真相通常被掩蓋了。這時如果不經過觀察或調查，就輕易下結論，那麼結論的正確率一定是相當低的。仔細回想一下生活中那些被稱作是有大格局的人，他們在遇事時一定是非常冷靜的，絕不輕易做出或說出自己的評斷，他們會盡可能地先了解事物的全部。

我們也應該在生活中培養這種思考習慣。有些人常犯這樣的毛病，剛剛聽到某個資訊、才見到某些事物，很喜歡立刻說出絕對性的話語，「不可能」、「肯定是假的」等語句常常掛在嘴邊，這些人也總會因為太魯莽被事實「打臉」。我們應當培養一種鎮定的態度，坐觀風雲變幻後，再去做出決策或給出結論。

第二個影響人生格局的慣性思維，就是很多人太急於做個好人、做個強人，有時用力過猛或者表現過多，很容易就出現反效應。這就要求我們懂一點「期望值管理」思維。舉例來說，生活中常見這樣的現象：有個人一直盡心盡力為親朋好友幫忙，哪怕耽誤自己的事情也從不拒絕別人的請求，有一天他突然拒絕了一個要求，親朋好友就會覺得這個人不近人情，對他的評價一落千丈。反過來，如果一個人不太喜歡幫別人的忙，但是有一天突然展現出自己的善意，幫別人處理了一個麻煩，那他的口碑立刻會提升很多，大家反而覺得

打破慣性思維

他變得好相處了。職場中也同樣如此，假如一個員工為了得到上司的注意，總是誇下海口，對上司承諾自己能完成任何工作，那麼當上司交給他一項棘手的任務時，他完成了便是理所應當，完不成難免遭受上司的輕視、同事的白眼。可其實是怎麼樣的呢？我們最終還是我們自己，我們的能力依舊如此，只是我們在他人眼中的期望值不同，於是我們就會被鄙視無能或者是被高看一眼。

這個心理效應向我們傳達了一個道理，有些事情不會像我們想像中的那樣去發展，甚至會和表面現象南轅北轍。我們必須要突破這個慣性思維，這並不難，只要稍稍留點心眼，還未做到的事情不要當成承諾說出口，也不要為了讓別人留下好印象進行過多的自我推銷。你越是想讓別人留下好印象，就越是要收起自己的表現欲和虛榮心，平時表現得謙虛一點，待到關鍵時刻出手，才能帶給別人驚豔的感覺。

打破慣性思維的另外一個關鍵是，要懂得隨時更新自己的思考方式。人都有惰性，思維同樣如此。有時我們忽略了接觸新的思想、更新自我的思考方式，而在今天飛速變幻的社會裡浪費了時間和資源。網路的發展，令今天的社會瞬息萬變。特別是智慧型手機的應用，資訊碎片化，令我們始終要處於一種隨時隨地做好自我更新的狀態。如果不注意更新自我，毫不誇張地說，在未來二十年，甚至是十年內，都

第三章　眼界，是大格局的敲門磚

很可能會成為一個受過良好教育的高級文盲。這樣的人，思想遠遠落後於時代，人生格局受到侷限，想要突破會更加困難。

更新思考方式的意義不止在於可以更好融入這個社會、能以更新的視角看待問題，還可以幫助我們更新自我，實現不斷的自我改良，保證不被時代所淘汰。

聰明人都有很強的危機意識，他們明白，在這個時代只要一天不進步，就相當於落在別人後面一天。人如果不及時提升自我，即便有無數機會從身邊經過，也只能與自己擦肩而過。優秀者不斷更新自己的思維，也成了一種習慣，也許一個小小的變化不能為工作帶來實質性的進展，但常年如此，人與人之間的差距就由此拉開，於是便有了成功者和失敗者之分。

還有一種慣性思維也需要注意，那就是在自己的工作領域中埋頭鑽研的時代已經過去了。以前通訊和交通工具不大便利，不同領域之間的交流確實很少，只要能堅持在一個領域努力，就能成為這個領域的佼佼者。然而隨著網路的飛速發展，如今的社會已經完全不同了，不但各領域之間的連繫加強，有些專業甚至在看似不相干的領域發揮著必要的、重要的作用。現在的社會如果想成為優秀的人、成功的人，那就必須要具備「多元思維」。對於一個具體的問題，如果僅用

舊有的一種方式解決,或者不懂得合作,那就只能得到一個狹隘的結果。美國有一句諺語:「在手裡拿著鐵錘的人看來,世界就是一顆釘子。」諷刺的正是這種現象。

因此,改變固有思維,全面地、多學科地分析問題,迎接你的會是一個豁然開闊的境界。慣性思維影響的是整個人生格局,甚至直接影響我們的人生結局。因為它會透過行動體現出來,而但凡有行動,現實總會在不經意中發生改變。打破慣性思維,為思維注入新鮮血液,我們才有可能屹立於不敗之地。

第三章　眼界，是大格局的敲門磚

別低估了自己

現在非常流行一種教育理念，叫做「賞識教育」。這種教育模式並非要你一味地誇獎孩子，而是要帶著欣賞的態度支持孩子行動，並且幫助他們找到行動中的問題，同時科學合理地引導孩子解決問題。美國密西根州的學者研究指出，賞識教育下的孩子，往往對自己的能力有更清晰的認知，他們遇到自己可以勝任的事情時，總是充滿信心。

賞識教育的一個顯著特點就是提倡家長不要過分否定孩子，但也不能過分誇獎孩子。家長真正要做的是讓孩子對自己有客觀地評估，對自己的綜合能力有清晰的認知。

仔細想來，在眾多想要提升自身格局的人中，究竟有多少人能夠認清自己？其實眼界內化到個人身上，除了要明確自己的目標是什麼，更要知道你的能力究竟有多少。不過對於很多執著追求夢想的人來說，挫折常常消磨掉驕傲自大，留給人們的卻是很多的自我否定。在夢想的道路上堅持得越

久,反而會更加懷疑自己的能力,進而看低了自己。

事實上,在挫折面前的自我否定,就是對自我的一種絕對低估。很多人往往習慣了這樣想,甚至覺得自己一無是處。

我們需要對自身能力有個全面的認知。一個人的能力,不只是他在做某件事情時表現出來的那麼簡單。心理學上會把能力分為現實能力和潛能。這兩種能力構成了一個複雜的、立體的人。我們也要更透徹地看待自己,這樣才可以對自己有透澈的認知,知道自己能做什麼、能把什麼做好。

現實能力是外顯的,可以被我們用眼睛真真切切地看到。現實能力也往往會透過一個人行動上的成敗來對其做出判斷。

比如有位作家,他思維縝密,很會處理文字,出版了不少圖書;有位畫手,他很擅長繪畫,在網上有很多他的漫畫作品;有位企業家,他把公司經營得有聲有色,一度成為跨國的上市公司。這樣的能力可以被人看得到,作家、畫手和企業家在各自領域取得的成功,也讓更多人對他們的能力加以認可。

不過這種現實能力有個致命的弱點,在失敗和挑戰面前,變得不堪一擊。接二連三的挫折和失敗,會讓一個人的

第三章 眼界,是大格局的敲門磚

內心備受打擊,讓人的現實能力也變得低下了。很多人即便曾經很成功,但在殘酷的現實面前,也會懷疑自己,會擔心和害怕自己缺少再次站起來的能力。

可是理智地來看,你能做好的事情,依舊可以做得很好,不能做好的事情,透過學習和實踐,不斷激發自己的潛能,是完全有能力做得更好的。

有「音樂神童」之稱的沃夫岡・阿瑪迪斯・莫札特（Wolfgang Amadeus Mozart）,4 歲開始學鋼琴,他的老師就是身為宮廷樂師的父親。有一天,父親邀請朋友來家裡做客,剛進門就看到莫札特在畫有五線譜的紙上寫著什麼。朋友以為這個孩子就是隨便在五線譜紙上亂塗畫,莫札特的父親看過兒子寫的東西後,發現莫札特寫的竟然是音符,莫札特這是在創作樂曲啊！父親跟著那些音符哼唱出旋律,發現莫札特創作的曲子還很好聽。於是莫札特的父親認為,這麼小的孩子對音樂就顯現出了與眾不同的天賦,一定有能夠成為音樂家的潛能。很多這個年齡的孩子,還在樹林裡瘋跑、坐在草堆上發呆,或者淘氣地捅別人家的煙囪,而莫札特就已經想要創作樂曲了。父親便暗下決心,一定要好好培養莫札特在音樂上的能力。

正是因為這樣,所以莫札特 6 歲時,他父親就嘗試著帶他去參加巡迴演出。這之後經歷了大約十多年的時間,莫札

特一直都跟隨著父母,邊演出邊旅行。這樣的音樂演奏經歷,也讓莫札特意識到,自己在音樂方面還有很多未發掘的潛能,他開始傾向於歌劇創作。同時,莫札特也逐漸對自己卑微的演奏地位感到不滿。他想要獲得更多尊重,好在創作方面有更多的自由。

大約在莫札特 25 歲的時候,他辭去了宮廷樂師的工作,在維也納成了自由作曲家。也正是在這之後,莫札特的音樂潛能得以充分釋放,他接二連三地創作出了很多出色的音樂作品,比如歌劇《劇院經理》(*Der Schauspieldirektor*)、《費加洛的婚禮》(*The Marriage of Figaro*)、《唐・喬凡尼》(*Don Giovanni*) 等。這些作品都成了音樂史上的傳世之作,莫札特也因此成了名垂千古的偉大音樂家。

我們多數時候很難看到自己的潛能,也不能對潛能有準確可靠的猜想。奧地利作曲家約翰內斯・布拉姆斯 (Johannes Brahms) 說過:「你最想要成就的那件事情,往往與你的潛能有關。」我們在潛意識中會對自己有所判斷,「想做什麼」與「能做什麼」其實是有著必然連繫的。在頭腦中,理性思維和感性思維如同兩個性格不同的靈魂,始終在不停地爭論著,爭論的最終結果會在內心轉化為一種肯定的答案。

遵循著模模糊糊的潛意識指引,會讓我們做起事情來猶豫不決,甚至會陷入自我懷疑的惡性循環中無法自拔。因

第三章　眼界，是大格局的敲門磚

此，在拓展自我格局的時候，我們就需要進行科學的自我評估。

科學的自我評估，在職業規劃領域應用非常廣泛。通俗地講，就是要透過定量和定性結合的方法，來科學評估自己。定量評估，主要是指將行為等量化成具體的資料，設定相應的時間段，在該段時間內有系統性地收集量化資料，然後彙總，形成分析表格；定性評估則是收集親戚、朋友或者某些權威人士的主觀評價，對這些評價彙總後，得出對自己的認知。

有位名叫周琦的上班族，他想對自己的工作能力做出科學的評估。他先統計自己近半年來的薪資收入和消費支出，詳細具體地列出這些金錢的來源以及用途。然後分別統計了自己用於工作、社交和自我提升的時間。最後，周琦又分別找自己的父母、同事、朋友、主管等聊天，從聊天內容收集很多關於自己能力的資訊，以及對方期待自己獲得什麼樣的能力的資訊。加以統整後，周琦對自己有了一個比較客觀的基本認知了。他意識到自己在英語口語方面有著突出的優勢，但人際交往能力比較薄弱，需要進一步強化。

還有一種叫做強弱危機分析（SWOT Analysis），在管理學中廣泛應用於企業，對個人的自我評估也有非常重要的參考價值。這種分析方法向我們提供了四個自我評估的維度，

分別是我們所擅長的事情、不擅長的事情、成功的契機,以及來自競爭者的挑戰。運用這種分析方法,不僅可以看清自己,還能看清周遭的環境,將自我與環境結合,從而明白自己能夠把什麼事情真正做好,同時對於挫折和失敗心知肚明。

人就是這樣一種有趣的生物,隨著年齡的不斷增長,我們歷經歲月的打磨後,更多時候不會高看了自己,而是時常低估自己的能力。那些曾經的經驗和教訓,讓我們在接下來的前行道路上,總是會有各式各樣的擔心。可是如果懷揣著這樣的擔心,硬著頭皮繼續走下去,人生便很可能會陷入焦慮的漩渦,憂鬱、狂躁、妄想等各種心理問題撲面而來。我們真正需要的,是撥開迷霧看到最真實的自己。想要做到這一點,也只有依靠科學的方法和手段。也確實是在運用科學的評估方法之後,我們才能站在科學基礎之上,放眼自己的人生大格局,勇敢地做些具有現實意義的事情。

第三章　眼界，是大格局的敲門磚

別被眼前的「浮雲」迷惑

我們常聽到「浮雲」這個詞，查詢一下你會發現，其實這個詞根本不是什麼新名詞，很多古代名人的文章裡，都可以看得到。據說，孔子是最早使用「浮雲」的人，有「不義而富且貴，於我如浮雲」。唐宋八大家之一的王安石，更有「不畏浮雲遮望眼，自緣身在最高層」的詩句。可見多數時候，古人是以一種大家風範，將名和利這些東西看作了浮雲，如今人們更是將浮雲的概念泛化。

那麼「浮雲」究竟是什麼意思呢？它是指那些遮擋在我們眼前的紛繁事物，這些事物在以前多指暫時的安逸，現在也可以指那些難以解決的問題。它們雖然看起來很多，或者很繁瑣，其實從根本上來講，就是一團無足輕重的空氣。偏偏就是有很多人，看不透眼前的「浮雲」，被眼前的紛繁錯雜所迷惑，難以勇敢地衝過去繼續往前走。

有對恩愛的夫妻，妻子是小學教師，丈夫是一家科技公

司的程式設計師。丈夫最初入職的時候，由於工作經驗少，開發的項目小，所以薪水也比較低。妻子就不同了，由於教學工作做得好，加上她又非常擅長考試，很快就獲得了學校裡的正式編制，還經常被評為優秀教師表彰、拿到各種獎金。

沒過多久，妻子決定繼續深造，參加了研究所考試。丈夫呢？還在程式設計師的道路上艱難前行。面對丈夫每個月拿到的那少得可憐的薪水，妻子對他越來越不滿意。丈夫也很鬱悶和消沉，放假在家的時候，總是一個人待在書房，坐在電腦前，一待就是一整天。

後來他們有了孩子，妻子對丈夫就更加不滿意了。薪水拿得少，每天就知道用電腦，家裡很多數額較高的花費，比如孩子上早教的費用、買房的頭期款，丈夫都無力承擔。妻子最終提出了離婚，帶著孩子離開了丈夫。

不過我們知道，程式設計師這個職業，它的發展潛力是極大的。丈夫經歷了五年的打磨，累積了很多產品開發經驗。漸漸地，公司開始分配給他一些大型項目了。他由原先的程式設計師菜鳥，成長為一名成熟的工程師。相應的，公司對他的薪水待遇也做出了調整。特別是他為公司成功開發出了一款新產品，在數位市場上獲得了高額回報。這下他不僅成了業界名人，很多知名企業都提出了優厚的待遇，想要

第三章　眼界，是大格局的敲門磚

把他挖走，而原先的公司，為了留住這個人才，不僅調漲了他的薪資，還將他升職成為部門主管。

當他把孩子的扶養費交到已經是他前妻的女人手中的時候，曾經的妻子很是後悔。她現在自己帶著孩子，日子過得比離婚前更加艱辛。想要尋找適合的再婚對象，其實是很困難的。為什麼當時就不能再堅持一下呢？如果當時可以再堅持一下，現在他們會過得更加幸福。可是丈夫已經被前妻傷透了心，不想跟她復婚。這段破碎的婚姻，因為妻子被眼前的困難所迷惑，變得支離破碎、難以修復。

仔細深究一下那些帶給我們的困惑，你會發現無非就是在求不得時遭遇的困難、挫折和失敗。它的典型特徵就是，在我們面前擺出一個或者多個很難解決的問題，折磨著我們的內心，然後給出堅持和放棄兩個選項，讓我們自己做出選擇。

堅持，意味著你的內心要繼續受折磨，受多久折磨沒人知道，但是堅持著走過來了，浮雲消散，你收穫的就會是成功的喜悅；放棄，意味著你的內心現在可以不受折磨了，但是說不定以後會遺憾，甚至會與成功擦肩而過，失去得更多。所以從長遠的發展角度來看，想要拓寬我們的人生格局，是必須要堅持的，特別是在被很多現實問題困擾著的時候。

如果我們要做個大格局的人，無論眼前現狀如何，都要耐得住時間的打磨。時間能令浮雲消散，也能增長我們的見識，將我們的意志錘鍊得更加頑強。同時我們會演化出一種屬於自己的成功模式，在這條追求人生夢想的道路上，明白什麼是真正重要的、什麼可以無所顧忌。

正如周星馳電影《唐伯虎點秋香》中的臺詞所說：「功名於我如浮雲，在下一點也不稀罕。」眼前某些苦苦追求而得不到的事物，仔細想來，真就那麼重要嗎？我們常說要活在當下。不過，這樣的當下必須是你撥開浮雲、剔除掉那些自我懷疑以及他人的冷嘲熱諷後，真正堅持下來的當下。也只有這樣的當下，對於拓展和昇華我們的人生格局，才有足夠的現實意義。至於眼前那些紛紛擾擾的糾葛、挫折、困難，我們大可以盡人事、聽天命，把能做好的事情做好就夠了。

第三章 眼界，是大格局的敲門磚

第四章

擔當,是格局的支柱

第四章 擔當，是格局的支柱

負責任的人生，是偉大的人生，也唯有這樣的人生，才能證明你的價值。責任在相當程度上支撐起人生的大框架，它是否沉重，在於你用什麼樣的態度看待它。當你以一種勇敢者的姿態，把責任踏踏實實扛在肩膀上的時候，責任帶給你的，將會是前所未有的收穫。於是我們會意識到，擔負起相應的責任並不是什麼困難的事情，我們本著對一切負責任的態度和精神，站在高處，責任的鋼筋鐵骨則必然會成就一個貨真價實的大格局者。

你的經歷，寫在你的格局裡

有位外國友人到某所高中當外語教師，這位外國友人向同學們分享自己的經歷：「我做過很多種職業。我曾在銀行當過行員、經理；我喜歡旅遊，後來當過在地嚮導和導遊；我考取熱氣球的駕駛執照，曾經駕駛著熱氣球在天空中飛行；我還當過潛水教練和救生員。現在，我成了你們的老師，我非常熱愛這份工作。」

他的中文說得字正腔圓，同學們對他豐富的人生閱歷十分羨慕。外國教師詢問同學們一個問題，他問道：「你們知道嗎？我每從事一份工作，都要隨時在心裡銘記一個詞，你們猜這個詞是什麼呢？」有的同學猜測是「熱情」，還有同學猜測是「別計較」，更有同學大膽說出是「快跳槽」，引得大家哈哈大笑。

他隨後擺擺手，示意大家的答案都不對。他告訴同學們，那個詞就是「責任」。他說：「我每從事一份工作，我都

第四章　擔當，是格局的支柱

要告訴自己，我要對這個職業負責。我在擔任銀行行員的時候，每天都要經手很多現金，絕對不能有差錯。本著負責任的精神，我面對每一個客戶的每一筆業務，都會認真核算。後來我升職了，成了部門主管，這時我就要對我的屬下負責。我不僅要保證自己不能有差錯，還要訓練和管理自己的屬下，讓他們的業務能力也有穩定的提升。後來我做導遊、熱氣球駕駛員、救生員，都需要盡很多責任。因為我知道，一旦我忘了責任，就有可能出現重大錯誤，產生的後果是極其嚴重的。現在我是你們的老師，我也要對你們負責。我的責任不僅僅是幫助你們學好英語那麼簡單，更重要的是豐富你們的知識量，支持你們成長為一個國際化的人才，提高你們的競爭力。」同學們都非常喜歡這一位有責任心的外語教師，也深深地為他的人生大格局著迷。

人生格局有多大，不是出生就注定的，而是隨著後天經歷不斷豐富、逐步變大。其中很重要的一個關鍵因素，就是責任心。因為有責任心的存在，我們才不會輕易放棄堅持的夢想。同時對於那些自己不是特別感興趣但又必須完成的事情，憑藉責任心的支撐和約束，也能夠咬牙堅持。其中的種種收穫數不勝數，它們會在我們的人生格局中，閃爍出耀眼的光芒。

相反，如果責任心缺失，人生恐怕毫無格局可言。做事

你的經歷，寫在你的格局裡

時難以長久地堅持，稍微覺得枯燥便放棄不做了，或者弄虛作假，想要一步登天，多數是陰溝裡翻船的結果。這些事情，也許當時會覺得是過去式，沒有什麼大不了，殊不知它已經在不知不覺中寫入你的人生格局中、寫進了別人對你的印象中。這就如同埋著一顆定時炸彈，隨時對你的命運構成了威脅，說不定什麼時候突然引爆，那時想要補救，恐怕已經來不及了。

有位學習市場行銷的大四學生叫秦朗，他利用假期到一家市調公司實習，公司的實習薪資優渥，為公司完成相應的專案問卷後，還有額外獎勵。秦朗的第一個專案將透過電話進行，他每天要打很多電話，有針對性地向受訪者提出問題。電話訪問被拒絕的機率雖然很高，但還是有人願意接受訪問。公司為了防止訪問員在問卷上填入虛假資料，會對電話進行錄音，還會抽查訪問員。在這樣的獎勵和管理體制下，秦朗的第一個專案做得中規中矩，問卷完成度屬於中上水準，月底除了基本薪資外，還得到大約 5,000 元的獎金。

秦朗的第二個專案不再是透過電話進行訪問，而是需要到商場裡，找店家老闆進行實地訪問。秦朗原本就是個比較內向的人，原先在電話裡訪問，他倒是還能接受，可是現在直接面對受訪者，有時會被對方拒絕，有時又會被對方提出質疑，秦朗就有點受不了了。於是在訪問了兩三位老闆後，

第四章　擔當，是格局的支柱

秦朗就找了看上去比較好說話的路人和自己的同學，把剩下的問卷填完交回給公司。這一次的錄音，不再由主管參與進行，公司要求秦朗自己錄音後提交給主管。所以秦朗覺得自己只錄訪問過程，應該沒什麼問題。

秦朗忘記問卷上有受訪者的電話一欄，公司主管按照問卷上留下的受訪者電話逐一打回去，發現很多電話打不通，有些電話還不是受訪者本人，便懷疑秦朗有可能作假。於是主管打電話給秦朗，要求他說明情況，秦朗卻很不負責任地回答「不知道」，最後甚至不再接主管的電話。他把所有責任全部推掉，心想，只要不和這家公司聯繫，應該就沒什麼問題了。而公司為了彌補秦朗造成的損失，又找來其他員工重新做問卷，也沒什麼時間再聯繫秦朗。

秦朗大學畢業後，開始急急忙忙地找工作。有一天，秦朗接到一家國際知名顧問公司的面試邀請。這意味著什麼呢？如果秦朗應徵成功，很可能會被派去美國總部，接受為期一年的實習培訓和兩年的在職訓練，然後回來直接晉升為部門經理。最令人羨慕的是，這期間的所有費用，都由公司負責，秦朗每個月還能拿到數額可觀的薪資。這對於一個初出茅廬的畢業生而言，是多麼難得的機會啊！

偏偏在應徵的最後一個環節，已經過五關斬六將的秦朗，遇到了他假期實習時的公司主管。這位主管不久前剛跳

槽到這家顧問公司擔任高層。他們一見面,秦朗就意識到,自己這次的應徵要澈底失敗了。事實也確實如此,不過這位主管最後還是給了秦朗一句忠告,他說:「你如果對自己所做的事情都不能負責的話,我又怎麼能相信你會對我、對公司、對客戶負責呢?」原來當時主管本來想給秦朗一個將功補過的機會,只要他將手中的問卷重新訪問一遍,公司就不予追究。可是無論主管怎麼聯繫秦朗,他都一直在推卸和逃避責任,主管最終對秦朗澈底失望。

責任心直接與人們對我們的固有認知緊密相連,這樣的固有認知,不就是他人眼中你的人生格局嗎?古語說得好,「人過留名,雁過留聲」。你做過什麼樣的事情、經歷過什麼樣的人生,在他人心中是會有記錄的。同時,這些事情在你自己心中、在你的印象深處,也會深深鐫刻。特別是那些逃避責任時的經歷,他人日後回憶起來,依舊會感到厭惡,而你自己回憶起來,恐怕心有餘悸,即便是現在也會冒出一身冷汗吧!

由此我們可以發現,責任就如同一條選擇的分割線,選擇逃避還是選擇承擔,完全由你自己決定。可是如果我們勇敢地選擇了承擔,那麼責任就會挺起堅硬的鋼筋鐵骨,為我們撐起人生這片廣闊的天空。這樣的格局,堅定且充滿陽光,並無所畏懼。

第四章　擔當，是格局的支柱

負責任是一種人生態度

在不少小格局的人眼中，責任是沉重的。它意味著要扛起重擔，要放棄很多自己喜歡做的事情，還要花更多的時間、精力和金錢，而自己真正得到的，在短時間看來卻沒有多少。然而，恰恰是這種人生態度，讓這一類人的格局，注定了永遠都大不起來，究竟是為什麼呢？因為這一類人計較的永遠是眼前那點蠅頭小利，得失心特別重，

目光短淺，他們的小格局已經深入骨髓，將斤斤計較變成了習慣。最可悲的是，他們完全沒有意識到自己的錯，甚至理直氣壯地認為，他們持有的這種人生態度是極其正確的。於是逃避責任、推卸責任、埋怨他人便成了家常便飯。甚至會在無意識的狀態下遠離責任。就算把這樣的人放到主管的位置上，或者給他更大的發展平臺，他依舊不會有什麼作為。面對周圍的誘惑，這類人很容易就會動搖，沒有責任的約束和堅持，他們甚至不分是非對錯，最終極有可能鑄成

負責任是一種人生態度

大錯,人生也會是一場悲劇。

當我們意識到自己的人生態度不對的時候、意識到某種責任自己必須要承擔起來的時候,格局就已經開始變大了。越是努力地、主動地去承擔責任,人生反而會變得豁達起來,曾經那些對他人的苛責變成了寬容,對命運的抱怨和對現實的憤怒,變成了一種極其超脫的釋然。這時的你,必定是與眾不同的。

東晉政治家謝安出生在官宦世家,父輩在東晉皆手握重權。謝安因此受到了很好的教育,文采出眾,書法尤其突出。可是謝安年輕的時候,對當官不感興趣。當時很多人擠破腦袋想要到朝廷做官,謝安卻多次婉拒朝廷拋出的橄欖枝,三番五次地拒絕做官,有時面對官場上好朋友的邀請實在沒辦法,就當個一個月,隨後就又辭官不做了。

其實從本質上來講,謝安拒絕當官,很重要的一點就是,他怕承擔當官的責任,無官一身輕多好,不用面對來自皇帝和頂頭上司的壓力,也不用解決同僚之間的紛爭,更不用管貧苦老百姓的生活。況且謝安衣食無憂,謝氏家族在東晉朝廷上地位顯赫,所以謝安覺得,自己還是把時間用在那些令他感到輕鬆自在的事情上吧!於是謝安悠閒自得地跑到江蘇一帶的會稽郡,在一座名為東山的地方過起隱居生活。隱居期間,謝安常邀請王羲之等書法家來喝酒聊天、探討書

第四章　擔當，是格局的支柱

法和文學，還會去釣魚和打獵，有時也會教導一下謝家的孩子們。不過責任這個東西就是這麼有意思，無論你怎麼想逃避它、不想承擔它，終究得面對它。直到謝安年過四十，他的弟弟謝萬在戰場上打了敗仗，謝家聲譽受到了影響，謝安才決定走出東山，承擔起相應的責任。謝安出山做官這件事，在當時很受關注，不僅掌握著重權的大將軍桓溫向他發出了邀請，許多官場上的朋友也是議論紛紛。大家都說，謝安這麼長時間才出來做官，他終於敢面對自己的職責了，這下老百姓該過上好日子了。

要說謝安這個人，他本身非常有才，這次又是主動出來做官。因此到了桓溫那裡上任，工作就做得非常不錯，深受桓溫賞識。桓溫非常喜歡和謝安聊天，經常往他家裡跑。有一次，謝安還沒梳好頭髮，桓溫就來了。桓溫硬是等到謝安慢吞吞地把頭髮、帽子都整理好才與他相見。離開桓溫後，謝安在地方上的工作情況也非常好，深受老百姓愛戴。後來又到了皇帝身邊工作。他竭盡全力輔佐皇帝處理朝政，並且在淝水之戰中立下大功。謝安在責任面前由被動接受變成了主動承擔，他出山做官後便不再覺得責任沉重，而是用心去思考要怎麼盡到這份責任、把本職工作做好。事實證明，謝安後來對於責任的態度，也確實成就了他的一世英名。

美國西點軍校有句享譽國際的名言「態度決定一切」。

如果說負責是一種人生態度的話,那麼也可以說責任心決定了一切。你想要擁有什麼樣的人生,就要去承擔什麼樣的責任,在有責任的前提下,你所做的事情才會有條不紊,而且你也不會輕易放棄。當然,你要願意並主動去承擔這種責任。

美國前總統隆納・雷根(Ronald Reagan)小時候很貪玩,有一次在院子裡踢足球,一不小心用力過猛,踢出去的足球把鄰居家的玻璃撞碎了,鄰居要求裡根賠償 13 美元。雷根只好向父母求助,父親幫他付了錢,但向他提了個要求,父親說:「這 13 美元不是我白給你的,我只是借給你,幫你賠償鄰居。你得對這件事情負責,要想辦法把這 13 美元還給我。」剛開始雷根很鬱悶,可既然答應父親了,他就得承擔責任。於是雷根開始打工賺錢,送報紙、幫鄰居遛狗等等,最終把 13 美元還給了父親。

透過這件事,雷根更加明白了什麼是責任,他意識到,在責任面前,逃避是沒用的,積極付出努力,承擔起自己應當承擔的責任,這是彌補過失最有效的方法。正是這種對於責任的人生態度,讓雷根最終能夠站在高處,以大格局的人生成就了與眾不同的新高度。

我們也可以認為責任是把雙刃劍,你怎麼看待它,它就會對你的人生有怎樣的影響。你害怕承擔責任、想要逃避責

第四章　擔當，是格局的支柱

任，責任就是魔鬼，這一切都取決於我們的內心，取決於我們的態度。當然，從某種程度上講，一個人的責任心還有來自我們父輩的影響。我們的父母、祖父母怎麼看待責任，我們往往會怎麼看待，我們是否有責任心，又會直接影響到我們的孩子。從這個角度上講，責任這種人生態度也是會「遺傳」的。

英國政治家查爾斯‧詹姆士‧福克斯（Charles James Fox）和他的父親就是如此，在福克斯還小的時候，父親想把自家院子裡的亭子拆掉，福克斯很想看看亭子究竟要怎樣才能拆掉，就央求父親一定要讓他親眼觀看拆亭子的過程。父親雖然答應了，但是並沒有把和孩子的約定放在心上，福克斯出門後，父親就讓人把亭子拆掉了。

福克斯回到家後，發現父親沒有履行約定，非常氣憤，生氣地對父親說：「你答應我的事情沒有辦到！」父親這才想起，他答應過會讓兒子親眼看到如何拆亭子。父親為了對自己說過的話負責，花錢請工人在院子裡重新蓋一座亭子，然後當著福克斯的面再把它拆掉，福克斯終於如願以償。

在福克斯眼裡，他除了看到拆亭子之外，還看到了父親如何對自己說過的話、做過的事情負責。父親面對自己的過錯，沒有狡辯和推卸責任，而是想辦法去彌補過錯。這對福克斯而言，是非常正面的影響，也令他明白了負責任的重要

性。這樣的人生態度,足以支撐起福克斯大格局的人生,成功便成了必然。

每個人來到這個世界上,都有著一份不可推卸的責任。與其逃避,不如主動承擔,把職責範圍內的事情做好。

第四章　擔當，是格局的支柱

有擔當，才會有收穫

美國作家赫爾曼‧梅爾維爾（Herman Melville）在著作中把責任比作萬畝良田，他說：「當你勇敢地去承擔責任時，你所收穫的是自我能力的提升、周圍人的刮目相看，還有財富方面的回報。」這種獨到的視角，足以令我們意識到，負責任不代表你需要不計回報地付出，甚至以自我犧牲為代價，相反，負責任往往會有許多收穫與驚喜。從小的方面講，它會令你的個人能力、人際關係、財富等都有新的提升；從大的方面講，它會以極大限度為你拓展你的人生格局，令你成為傑出的人。最重要的是，責任是穩定的，它給你的所有收穫，都是失敗、挫折等諸多負能量無法戰勝也無法帶走的。

就個人能力而言，美劇《醜女貝蒂》（Ugly Betty）中有一些情節，恰恰講了關於勇於承擔責任後的收穫。相貌有點醜的貝蒂，憑著勇敢與執著進入了時尚界的權威雜誌《風雲》，擔任老闆的兒子丹尼爾的助理。貝蒂是個勤奮工作的好女

孩,丹尼爾卻是個花花公子與麻煩精。丹尼爾捅出的很多婁子與不少麻煩,都是貝蒂為他承擔了責任、解決了問題。過程中,貝蒂的工作能力也得到了極大的鍛鍊。後來貝蒂工作越做越好,也有越來越多機會接觸時尚界。她便為自己制定了一個新的人生計畫,這個計畫與愛情無關,也沒有提到什麼遠大抱負,她只希望自己在接下來的工作中能夠承擔更多更大的責任。

什麼是更多更大的責任呢?這在貝蒂看來,是她對自己職業能力的一種期許。貝蒂希望自己能夠做更多對公司發展有決定性作用的工作,並很好地對自己所做的事情負責。這不僅僅是簡單的升職加薪,更是貝蒂在工作能力上的一種高要求。貝蒂開始積極學習,她透過旅行增長見識,並更加努力地工作,從而成為夢寐以求的時尚雜誌編輯。儘管這中間也遇到了很多困難與挫折,但貝蒂承擔的責任逐漸大了起來,她做的事情也多了起來。能力的提升,令她在複雜的情感問題面前、在上司兼朋友丹尼爾遇到問題後陷入頹廢狀態時,都能夠勇敢地挺身而出。至於工作中他人的那些小算計和爾虞我詐,貝蒂就像個全副武裝的勇士,頃刻間便將它們全數消滅。

故事的最後,醜女貝蒂實現了她的夢想,成了一位出色的時尚雜誌編輯。貝蒂這隻醜小鴨蛻變成天鵝,儘管在某些

第四章　擔當，是格局的支柱

人眼中，她的外表依舊不算美豔，身材也無法與那些窈窕佳人相比，但是作為一名職業女性，貝蒂身上閃爍著天鵝般的光芒。這是以她努力承擔責任後，獲得的穩定能力為前提的。這樣的貝蒂，在我們看來，具有很大的人生格局，渾身散發著奪目的光芒。

我們再來看看人際交往，你在他人心中究竟有著怎樣的口碑，這與你的行為有密切關係。行為則直接與責任相連，特別是在他人看來很難解決的問題，而你沒有躲避，選擇了面對，這非常令人敬佩。你把問題逐一成功解決，久而久之，他人會對你產生信賴。讓別人無條件地信任你，這是非常困難的，但信任感一旦產生，將是一種堅定不移的情感，你便會以領袖或者是偶像的姿態，在他人心中占據絕對重要的地位。責任在人際交往中的收穫，是非常難能可貴的，它能夠讓你服眾，也能夠讓眾人心甘情願地支持你、幫助你。

東漢時期有位叫做張綱的大臣個性正直，看不慣官場上那些為了謀求私利、不把國家和百姓利益放在心上的權貴們。於是張綱向皇帝寫了很多檢舉信，舉報身為將軍的梁冀以及國舅等人，經常做危害國家的壞事。這讓在朝中掌握著重權的梁冀懷恨在心，於是把張綱派到廣陵，美其名是讓他去懲治張嬰等叛匪，實際上是想借張嬰之手除掉張綱。

當時有很多人勸張綱不要去赴任，但張綱還是勇敢地承

擔起了這份職責。他來到廣陵，並沒有對張嬰大力鎮壓，而是採用了安撫的方式。張綱只帶了十來個人前往張嬰的營地，然後差人把自己寫的信遞給張嬰，張綱在信裡很誠懇地告訴張嬰，只要他們肯投降，就能既往不咎。張嬰被張綱深深打動，打開營門讓張綱進去。張嬰哭著向張綱訴苦：「其實我很明白自己的處境，與朝廷唱反調，我們根本就是死路一條。您說我們現在投降，還能免於死罪嗎？」張綱向張嬰保證，只要他們不再作亂，自己一定能保住他們。

於是張嬰率領自己的部下投降，張綱也履行了他的責任。不僅赦免了張嬰，還幫他置辦了田產，讓他和親人能夠安居樂業。張綱也因為這件事，深受張嬰等人的愛戴。皇帝要把張綱召回朝廷工作，張嬰等人就聯合上書，成功地將張綱留在了廣陵，讓張綱遠離了梁冀，遠離了朝廷的爾虞我詐。後來張綱去世，張嬰等人更是披麻戴孝。當地老百姓無人不說張綱是難得一遇的好官，張綱在廣陵的政績，被人們口耳相傳。

勇於承擔責任，會讓你獲得人們的認可。做好分內的事情，不被周圍的世俗所干擾，也會令你感到更加安定。俗話說得好「不做虧心事，不怕鬼敲門」。我們盡到了相應的職責，對得起自己、對得起良心，問心無愧足以讓我們變得更加豁達與坦蕩。

第四章　擔當，是格局的支柱

有的人可能會感到不解，責任怎麼能增加財富？很多人認為承擔責任就意味著不計較得失，認為責任與財富毫無關係，這種觀念是錯的。畢竟承擔責任後的失去，往往是一些小利益，可是將分內事做好後收穫的，卻是能夠令整個人生發生根本性改變的財富。這是責任在拓展人生格局時，最為厲害的一個方面。

有位名校法律系畢業的女大學生，在知名律師事務所找到實習的機會。這家事務所很擅長處理企業經濟糾紛的案件，正因為承接不少這方面的案子，當中很多資歷比較老的律師，遇到一些棘手的案件時，往往會推脫。這些律師覺得，棘手的案件勝訴把握不大，如果敗訴了，自己的收益就會受到很大影響，在行業內的名聲也會受到影響，與其把時間花在這些案件上，不如接一些快速簡單的案件。

可是這位女實習生卻不這樣認為，她覺得自己反正在業界沒什麼資歷，還不如放手一搏。於是她便主動承接下一樁棘手的經濟糾紛案件，並憑藉在學校所學的知識和自己的努力，打贏這場官司。女實習生在業界名聲大噪，她不僅得到高額的律師費，事務所的老闆還獎勵了她一部車，並且找了一位資深律師當她的師傅，手把手教導她。接下來，女實習生參與了事務所很多重大案件，這不僅令她累積了很多打官司的經驗，帳戶裡的數字也在逐步攀升。一位白富美女律

師,就這樣漸漸修成了。

在責任面前,財富本就是渺小的,它是責任的附屬。況且財富本就是一種實現夢想以及拓展人生格局的工具,越是重大的責任,將它真正扛在肩上後,你會發現更多更大的財富。利益這個東西,在大格局的人看來就是這樣,失去與獲得其實都不是什麼難事,眼前的失去往往是為了未來更多的得到。這其中,我們真正收穫的卻是一種對於財富的控制力。

勇於承擔責任,我們能收穫的東西很多。解決問題的能力、自我控制力、待人處事的方式方法、管控財富的能力、時間管理能力等等,都會有所提升。你在他人眼中變得越來越有魅力,同時值得信賴。如果想要讓自己的格局變大,首先成為一個勇於擔當的人,勇於扛起別人不敢扛的重擔。

第四章　擔當，是格局的支柱

逃避責任，怎麼能突破

我們究竟需要對什麼負責呢？簡單來講，需要對他人、對自己，以及對所做的事情負責。這三個方面缺一不可，只有完全承擔起這三個方面責任的人，才能夠在真正被稱為是一個大格局的人。

對他人負責，指的是要對與自己有著直接或者間接關係的人負責任。從小的方面講，當父母的有責任照顧子女，當兒女的有責任孝順父母，當老師的有責任教導學生，當學生的有責任尊敬老師等等；從大的方面講，我們作為獨立存在的個體，對國家、對社會都需要盡一份責任，要在本職工作中做得更出色，同時能夠向他人伸出援手，這樣這個社會才會變得更好。

這種對他人負責的精神，在現實生活中已經得到了全面體現。我們常在媒體報導看到某個天才神童背後，往往有任勞任怨、心甘情願付出的父母；某位好兒媳，在丈夫去世後，

無論生活多麼艱難,由於心地善良,又念及夫妻情分,依舊承擔為公婆養老的責任。至於社會責任,除了那些熱衷於慈善事業的名人之外,還有不少知名企業熱心於公益事業,在貧困山區捐建了很多所小學,還為殘障人士建立基金會等。他們的這些善舉得益於他們的成功,而他們對於社會責任的勇於擔當,又令其收穫了更加廣泛的認可,這無疑是大格局的成功。

如果對他人負責可以讓我們目標明確並動力十足的話,那麼對自己負責,則更多的是自律自強。也就是說,我們在拓展人生格局的時候,一方面要控制好自己的言行,言出必行,同時務必要遵守法律底線;另一方面,積極提高自己的綜合能力,透過閱讀和培訓增強各項技能,讓自己對所在組織和團體,甚至是整個社會,都具有更大的不可替代性。

一個對自己負責任的人,首先要對自己的言行負責。說到就要做到,如果做不到,就不要輕易許諾。還要對自己的時間負責,浪費時間就是在浪費生命,對時間負責本質上就是對生命負責。生命只有一次,與其把時間浪費在一些毫無意義的事情上,不如花時間去學習、充實和提升自己。

法國文學家歐諾黑・德・巴爾札克（Honoré de Balzac）一生筆耕不輟,為了合理利用時間,巴爾札克為自己列了一張作息時間表,他嚴格按照這張時間表來執行作息。高度

第四章　擔當，是格局的支柱

自律的巴爾札克寫出了很多偉大的文學作品,《幽谷百合》（*The Lily of the Valley*)、《幻滅》(*Illusions perdues*)、《鄉村醫生》(*The Country Doctor*)等作品都成了傳世名作，被後人所追捧。

除了對他人、對自己負責之外，尤其要對所做過的事情負責。有的人事情做完後就放任不管，殊不知自己所做的事情對他人有各式各樣的影響，如果對這些影響渾然不知，那麼很可能就會在事情的後續發展中出現問題。一個大格局的人，勢必是能夠把握住整個局勢發展的人，這就要求人在事情完成後要進行回訪，要對自己所做的事情負責到底。

有一位在家帶孩子的全職媽媽，為了貼補家用，就設立一家兒童用品的網拍店，販賣圖書、玩具、日用品等各式各樣的東西，同時為了配合行銷，她還專門在自己的社群平臺上宣傳。由於販賣的東西種類齊全，加上這位媽媽每天都在社群上推廣，因此她的生意非常不錯。

她始終堅持，但凡客戶在同縣市，便自己親手將商品送過去，每次送貨都是擠公車或者騎腳踏車。隨著訂單量遞增，她花費在送貨的時間就更長了。周圍有親戚朋友勸她，說這樣不僅送貨效率低，還會占用她很多時間，不過她卻依舊親力親為。每次當她親手把商品送到客戶手中，不僅讓她贏得了更多客戶的信任，在與客戶的直接交流溝通中，也間

接掌握客戶的需求以及對於商品的滿意程度，後續進貨的時候，也就更有針對性了。這位媽媽老闆也積極提醒客戶，如果發現東西有任何問題，一定要及時聯繫，她可以終身包退換。也就是說，最麻煩也最令人頭痛的退換貨流程，這位媽媽幫客戶全包了！商品出現問題，只要把東西交給她，她就會與廠商聯繫退換，如果不能退換，她也會溝通協調關於賠償的問題。

一次，有位朋友向她買了個兒童水壺，這位朋友反映水壺剛打開的時候裡面有味道，後來打開蓋子晾了晾就沒有了。朋友只是把問題描述給媽媽老闆知道，沒有退貨打算，加上她身在外縣市，老闆也不能自己過來拿東西。於是朋友就說：「算了，別退了，湊合著也能用。」可是媽媽老闆覺得，既然是自己販賣的東西，就一定要負責到底。她先下架這款水壺，然後自掏腰包幫朋友選了一款相同類型的水壺，自己親自驗貨後，以快遞方式寄給朋友。朋友拿到水壺後，對媽媽老闆的認真負責敬佩不已，之後經常在她的網拍店購買產品。

正是這位媽媽老闆如此負責任的經營理念，贏得很多顧客的信賴，很多老顧客乾脆列出清單，請她幫忙購買，有的老顧客還會介紹其他朋友來購物。媽媽老闆的網拍店生意越做越火，不僅有穩定的客戶群體，營業額節節高升，更重要

第四章　擔當，是格局的支柱

的是，形成了屬於自己的獨特品牌。這種品牌效應的產生，令她開始積極開發多重管道，嘗試經營實體店。透過網路與實體整合的方式，現在的媽媽老闆已經不再只是一家網拍店老闆，她已經註冊公司，成為名副其實的職業女強人。

責任就是這麼神奇的力量，當你決定要對一切負責的時候，你的人生格局也相應地被責任支撐起來。無論你承認與否，從你出生到這個世界，就注定要承擔許多責任。與其逃避責任，不如看清自己的責任，明確要負責的目標，然後積極主動地承擔。我們應當以一種良好的心態客觀看待責任，當你看清楚它，並意識到它能夠給予我們的收穫時，你承擔起責任時前行的腳步便會更輕鬆。

有大格局的人，必定有擔當

那些成功的大格局者，往往都是很有責任心的人。他們有擔當，不畏懼責任，有足夠的勇氣把責任始終扛在肩膀上，同時能夠在實現夢想的道路上堅定向前、不輕言放棄。責任成了這些大格局者前進的方向與動力，也因為有責任的指引，所以他們總是能夠做出科學的決策。

澳洲有位口才出眾的演說家叫做尼克・胡哲（Nick Vujicic），說話風趣幽默又富有哲理。尼克・胡哲是位殘疾人士，他從出生就沒有雙臂和雙腿，只在左側臀部以下的位置有一隻小腳。不過尼克・胡哲的父母並沒有因此放棄他，而是很注重對孩子的教育。父親幫助胡哲使用他的小腳打字，母親為胡哲製作了適合寫字的工具。父母身上的責任感，令胡哲的童年生活很幸福，也潛移默化地影響著胡哲。上小學之後，尼克・胡哲卻遭遇了很大的挫折。經常有同學嘲笑他，甚至欺負他，這讓胡哲一度想要結束自己的生命。他曾

第四章　擔當，是格局的支柱

　　三次嘗試在自己家的浴缸中溺死，不過沒有成功，望著傷心的父母，他決定重新站起來，對自己的生命負起責任。他開始發奮學習，更決定用演講來證明自己。於是他打電話給各大學校求取演講機會，被拒絕了 50 多次後，終於贏得了只有 5 分鐘的演講機會。這個機會不僅令他的演講才能大放異彩，還讓他收穫了 50 美元的酬勞。

　　從此以後，尼克‧胡哲一邊學習，一邊拓展著自己的演講事業。他不僅獲得了會計學和財務規劃學的雙學士學位，還以 DVD 的形式出版了很多演講作品，比如《生命更大的目標》、《我和世界不一樣》等。尼克‧胡哲出版的書籍《人生不設限》（*Life without Limits*）、《永不止步》（*Unstoppable*）、《堅強站立：你能戰勝欺凌》（*Stand Strong: You Can Overcome Bullying*），成為許多人的勵志經典之作。

　　隨著尼克‧胡哲的名氣大增，他不僅用自己的經歷為那些處在人生谷底的人們加油打氣，也開始投身參加公益活動。西元 2016 年，尼克‧胡哲參加了「英雄歸來」、「我和你，童行西部」的公益演講活動。他從對自己的生命負責，逐漸成長為一個對社會、對全世界都有著積極貢獻的人。也正是這樣的擔當，讓他獲得「澳洲年度青年獎」。

　　一個人無論有著怎樣的出身，哪怕身體不健全，只要具有責任感，依舊可以成為一個格局很大的人。相反，那些意

識狹隘、只懂得抱怨，不願或者逃避承擔責任的人，無論上天賦予了他們什麼優勢，這樣的人依舊沒有什麼格局可言。

提到雅芳（AVON）這個品牌，許多喜歡化妝的人都非常熟悉。雅芳是一款在全球範圍內知名度很高的化妝品牌，許多大商場裡經常能看到。雅芳創立於西元1886年，經歷了上百年的發展，其銷售據點已經覆蓋了全球145個國家，在化妝品跨國經營領域占據著很大的優勢。

當鍾彬嫻接手這家公司的時候，雅芳的發展形勢並不樂觀。營業額下降、股票大跌、商品缺乏創新、流失大量顧客。毫不誇張地說，鍾彬嫻面對的是一個爛攤子，而她之前做的又是百貨公司女裝的業務高層，對於化妝品行業根本就是個門外漢。所以當時在很多人眼中，想讓雅芳公司轉危為安，對鍾彬嫻來說是非常困難的。

不過鍾彬嫻有著一股對於責任的執拗，在接手雅芳公司後，鍾彬嫻沒有逃避責任，也毫無半點敷衍，而是兢兢業業地工作。僅僅用了一年時間，鍾彬嫻就使雅芳的股票再度上漲，同時還增強了產品的創新能力，大力挖掘潛在市場。沒過多久，雅芳在鍾彬嫻的帶領下再度實現了輝煌，成了全球最有價值的品牌之一，全年度營業額也超過了60億美元。

我們不難發現，大格局者在責任面前從來不逃避，而是

第四章 擔當，是格局的支柱

欣然接受這份責任，甚至很享受重擔在肩膀上的樂趣，許多名人、成功者都是這樣。每個人面前往往都有一份關於責任的難題，只是大格局者能夠充滿勇氣與智慧地把難題解開，責任賦予他的便是留名千古的殊榮。秦始皇嬴政，掃滅六國統一天下，是中國歷史上第一個自稱為「皇帝」的君主，中國歷史也是從秦始皇開始走向統一的時代。嬴政剛當上秦王的時候，他的處境並不樂觀。朝政大權由國相呂不韋把持，母親趙姬又與假宦官嫪毐私通，嫪毐私下培植親信，準備把嬴政趕下君王寶座。

面對這樣的危險處境，嬴政先下手為強，以極其強硬的手段鎮壓了嫪毐的叛亂，同時免去呂不韋的官職，嬴政真正掌握了治理國家的大權，將江山社稷的重擔扛在自己身上，然後對秦國進行了大刀闊斧的改革。在嬴政身上完全看不到怯懦的影子，他在責任面前顯現的，是一個大格局者的沉著與睿智，有膽量，更有擔當。漢武帝劉徹、唐太宗李世民、清朝的康熙皇帝等也都是如此。

從這個層面來看，拓展我們的人生格局，就意味著要去承擔各式各樣的責任。你身上擔負的責任越多越大，那麼你人生格局的框架就越堅固，這其中的閱歷、經歷也會變得豐富多彩。

第五章
習慣,是格局的模具

第五章　習慣，是格局的模具

好習慣能成就一個人，壞習慣也能毀了一個人。習慣對於一個人命運的影響，是根深蒂固的。任何行為，一旦養成習慣，就會每天都伴隨著我們。無論是有意識還是無意識，這種習慣都將在潛移默化中塑造著我們的人生格局。當我們發現了習慣的重要性，就可以更加主動地去增強自制力，注重細節、珍惜時間、信守承諾，堅定自己的原則和底線，將這些好習慣不斷強化，使之融入我們的靈魂深處，為我們的人生大格局助一臂之力。

要有自制力和自覺

著名心理學家西格蒙德‧弗洛伊德（Sigmund Freud）告訴人們，我們做一件事情，如果不是出自本心、不是我們真正想做的事情，即便是咬著牙去執行，做事過程也會變得很艱難。與之相應，就會產生辦事效率低、做事不負責任、拖拖拉拉等問題。

為什麼會這樣呢？對於不想做的事情，很多人有強烈的牴觸情緒。就像一個人到了適婚年齡，雖然心裡很清楚應該找個合適的人結婚了，卻依舊沒有遇到理想的結婚對象。本想順其自然，可是父母忽然強行安排了相親，即便相親對象各方面條件都很優秀，但因為是被父母逼著去，所以潛意識裡便很難接受這個相親對象。

這種基於被強迫而產生的牴觸情緒，往往會讓我們變得不那麼理智與客觀。只是一味地與外力對抗，基本上不會去縝密地思考，權衡其中的利弊得失。在如此彆扭的處境之

第五章　習慣，是格局的模具

下，很多人就會跟自己沒完沒了地較勁。

如果我們想要在短時間內完成某個既定目標、高效率地拓展自己的人生格局，其中的大前提就是做某件事時必須是自願的。只有出自本心地做事，你才會自發自覺地想要管理自己。在「我能」和「我想」這兩個選項中，大部分追求成功的人會選擇「我能」，但如果在「我能」的範疇內，是我不想做的事情，那麼「我能」就會變成「我不能」。

自願和自覺是做事情的前提，特別值得一提的是自覺，它需要在能夠發現自己應該又願意做的事情，然後將其按部就班地完成，主動性很重要。我們需要了解自己的真實想法，究竟要擁有怎樣的人生、活著的意義又是什麼？這一切都必須是從我們內心深處產生的，很少有來自外部環境因素的干擾。

生命的意義被哲學家們探討了很多年，道家、儒家、墨家思想也都有所闡述。那麼對於我們而言，在追求自我實現的道路上，活著就是為了去實現夢想、收穫成功，拓展自己的人生格局。我們明白了這點之後，就要以更加積極的姿態，將拓展人生格局作為奮鬥目標，不斷地努力前進。當你把拓展人生格局這件事轉變成自願自覺的狀態時，你就會是一塊海綿，努力吸收對自己有用的資訊，抓住一切機會鍛鍊自己的能力，即便是嘗試無數次練習，也不達目的誓不罷休。

要有自制力和自覺

當我們自願自覺地去做事情時,會有更多更大的動力,心甘情願地想要花時間和精力去嘗試、去尋找解決問題的最佳方案。如果我們可以把這種自願自覺轉化為習慣,必定會幫助我們實現真正的成功。

失控的人生常會讓我們覺得惶恐,因為在混亂迷茫的狀態下,很難預測下一秒會發生什麼。於是便會擔心有不好的事情發生,焦慮會慢慢地侵蝕理智,讓人變得難以看清眼前的現實。

失控的人生是沒有什麼夢想和成功可言的,你連自己都不能有效控制,又怎麼去適應和掌控周圍的環境?想讓人生更加精彩,就需要對自我和全域性都有所掌控。這樣才能科學地做出行動計劃,知道什麼樣的執行方法適合自己,也知道如何利用自己的優勢,揚長避短,從而以更高的效率實現目標。自制力能極大程度地提高辦事效率,讓你透過行動循序漸進地實現量的累積,最終達成目標,真正實現夢想。

美國健康心理專家凱莉‧麥克高尼戈爾(Kelly Mcgonigal)博士曾出版一本名為《自控力》(*The Willpower Instinct*)的書。這本書中詳細闡述了人們是怎麼對自己失去控制的、失去控制的原因,以及透過什麼樣的途徑,可以讓我們很好地再度控制自己。

第五章 習慣，是格局的模具

在美國史丹佛大學，凱莉・麥克高尼戈爾博士的自制力課程曾經非常受歡迎。博士指出，自制力其實就是一種習慣的養成，只需要花 10 週的時間，就可以一切盡在掌握。不過前提是你需要清楚明白，究竟自己對什麼失去了控制。

比如有位退休的老人，每天晚上 10 點睡覺，早上 8 點起床，生活看似規律，也很準時進食三餐。可是仔細觀察後你會發現，這位老人處於一種失控狀態，天天毫無節制地吸菸，電視從早開到晚。還有飲食，他幾乎很少吃蔬菜和水果，每天都要吃大量的肉和馬鈴薯，吃飯不喝湯，炒菜時必須要放很多油脂。

還有一些年輕人，表面上過著朝九晚五的生活，可是他們每天回家先開電腦，在電腦前坐下就是一整晚，打遊戲、看影片，通宵達旦。桌上堆滿零食，以及喝個沒完的碳酸飲料。週末、假期的時候，宅在家裡一整天，白天睡覺，晚上娛樂更成了尋常事。

仔細探討一下你會發現，這些失控的現象背後，往往是有深層次的心理根源的。特別是當失控變成習慣，再想要將其扭轉，就變得更加困難。正如很多人明知道吸菸和酗酒有害健康，但戒掉就是很困難，還有很多人被肥胖深深困擾著，卻依舊在美食面前敗下陣來。不過當我們意識到自己的問題時，特別是把這個問題清晰具體地展現出來的時候，也

意味著我們找到了癥結所在，接下來要做的就是用行動去改變現狀。我們可以為自己建立一個自我監督體系，以此來增強自己的意志，憑藉意志的強大力量，找回失去的自制力。

這個自我監督體系，可以請你信賴的人對你加以督促，也可以是自己為自己建立一個監督表格，每天都把行為上的改進記錄下來，以便於直觀明瞭地看到自己的進步。這樣可以增強自我控制的信心，最終將其培養成根深蒂固的習慣。

自制力的建立並不是一件難事，只要我們肯用心把問題弄清楚，然後花時間去改變、去約束自己。久而久之，你就會發現，自制力也會成為一種習慣。

第五章　習慣，是格局的模具

能從細節看見一個人的人生

有人會認為，大格局的人把握的是宏觀，對於很多細節可以忽略不計。甚至片面地認為大格局的人要做的是大事，不用太在意那些微不足道的細枝末節。但事實並不是這樣，大格局的人在放眼全域性的同時，其實更加在意細節，也更加注重把細節做好。

約翰・D・洛克斐勒（John D. Rockefeller）是美國歷史上第一個擁有十億資產的富豪，他創辦了美孚石油公司，曾經壟斷了美國的石油市場，被人們譽為「石油大王」、「賺錢英雄」。這樣一位不差錢的大人物，對細節追求到了極致。洛克斐勒曾經發現，美孚石油公司的油罐需要用 40 滴焊料來封裝。他在包裝廠仔細研究發現，其實用 39 滴焊料就足夠了。於是洛克斐勒根據這個研究結果，在美孚石油公司發表了 39 滴焊料的封裝標準。這極大程度上降低了包裝成本，提高了封裝效率，增加利潤。

能從細節看見一個人的人生

很多追隨過洛克斐勒工作的人看來，他不僅是位出色的管理者，更像是一個對於細節極其看重的數學家。他對公司內部的各種數據瞭如指掌，就連下屬向他報告的油桶塞子數量，都會分外留心。至於用多少原料，能夠煉出多少煤油、如何改進工藝，減少原料損耗，以便於精煉出更多煤油，精打細算的洛克斐勒就更擅長了。

為什麼洛克斐勒這麼在意細節？他對於細節的追求，到了很極端的程度，連一滴焊料都不放過。有個很重要的原因就是，洛克斐勒深知，如果他不去深究這些細節，那麼積少成多，自己就會在不知不覺中損失很多利潤。如果規避細節上的問題、減少損耗和工作中的問題，就意味著盈利。所以從這個角度來說，細節往往就是關鍵，細節決定了做事情的成敗。

其實在歷史上，有很多細節決定成敗的例子，比如著名的〈一顆鐵釘輸掉一場戰爭〉的故事。據說英國國王查理三世就曾經在博斯沃斯戰役中，吃了不注重細節的大虧。當時戰爭已經進行得如火如荼，查理三世命令他的馬伕：「把最好的戰馬準備好，我要騎著我的戰馬去打敗敵人！」馬伕一聽，趕緊牽著戰馬去找鐵匠。馬伕說：「國王要打仗啦，你快點為這匹戰馬釘上最好的馬蹄鐵！」鐵匠一聽，不敢耽擱，立刻就動手做了起來。

129

第五章　習慣，是格局的模具

鐵匠釘了三個馬蹄鐵，可是就在釘第四個馬蹄鐵的時候，鐵匠發現少了一顆鐵釘。這樣的話，戰馬第四個腳掌的馬蹄鐵就不穩固了。鐵匠不敢怠慢，趕緊和馬伕一起把這件事情回報查理三世。

查理三世一聽，覺得很可笑，不就是馬蹄鐵上少了一顆鐵釘嗎？敵人都要打過來了，誰還會去在意一根釘子。於是查理三世擺擺手說：「沒事！」然後翻身騎上戰馬，帶領著部隊上陣殺敵去了。

硝煙瀰漫的戰場中，查理三世顯得異常英勇。他騎著戰馬打敗了無數敵人，眼看就要取勝。誰知就在這時，戰馬的馬蹄鐵突然就掉了下來。這下壞了，戰馬一個沒站穩翻倒在地，查理三世也從戰馬上摔了下來。

敵軍看到查理三世摔下了馬，便一擁而上，把查理三世抓了起來。查理三世的那些部下看到國王都被抓了，也都四散逃跑了。於是這場戰爭以查理三世失敗而告終，他失敗的代價就是喪失了對整個英國的控制權。

可能有人會感到困惑，細節明明很小，它怎麼會有那麼大的影響力，甚至能夠決定全域性？這主要源於細節往往是極其核心的要素，就像我們人體的心臟和大腦一樣。

《韓非子・喻老》中有句話：「知丈之堤，以螻蟻之穴潰；

百尺之室,以突隙之熾焚。」這充分體現了細節的決定性力量。從我們的整個人生來看,每一個細節上的習慣,往往都能夠影響人一輩子,它們通常會直接決定人生的最終成敗。所以說那些不拘小節的人,勢必難成大器。

不過注重細節的人,如果只是把眼睛盯在細節之上,也難免會變成斤斤計較的小人物。一個大格局的人,真正要做的是將注重細節與全域性觀念有機結合。既不能忽略那些重中之重的小事,又要在大局的指導下,抓住關鍵的細節,捨棄繁雜的因素,去蕪存菁。這樣我們在行動中就可以把握好分寸,做到遊刃有餘了。

美國牛仔褲品牌 J Brand 的牛仔褲非常特別,它追求精工細作,剪裁非常簡潔,甚至為了讓穿牛仔褲的人覺得舒服,連褲子後面的口袋都省略掉了。就是一條簡簡單單的牛仔褲,穿起來卻顯得腿部格外修長好看,因此深受美國好萊塢巨星們的追捧。

我們都知道,大多數牛仔褲的縫製工藝往往是非常粗糙的。有的牛仔褲為了彰顯個性,會在膝蓋上剪出破洞,還有的牛仔褲會用很多布料拼接,因此會有不少接縫。這樣不注重細節的做派,在今天追求高品質生活的人看來,是難以接受的。然而人們又非常喜歡牛仔褲的百搭以及隨意休閒的風格,如何將細節上和整體上的牛仔風恰到好處結合,其實是

第五章　習慣，是格局的模具

很困難的。

當人們看到 J Brand 牛仔褲時，就有些控制不住了。因為它的製作工藝實在是太精細了，整條褲子幾乎看不到粗糙的接縫。雖然是一條看似普通的牛仔褲，但是每個細節都顯示出了它的高階。同時，這個品牌整體上走的又是典型的牛仔風格，它的設計師說：「我們家的牛仔褲不只是要做到褲子看上去很好，最重要的是讓穿著它的人看上去超讚。」

抓住關鍵的細節，很重要的一點就是要認真觀察、留心發現。同樣是一個盤子，粗枝大葉的人看了一眼之後，發現盤子上沒什麼汙垢，就認定這是一個很乾淨的盤子；可是注重細節的人看了一眼之後，發現盤子上竟然有淡淡的黑色指紋，這也就意味著之前可能有人用髒手摸過這個盤子，那麼能說這個盤子是真的乾淨嗎？

留心觀察細節的能力是可以被訓練的，將觀察細節養成習慣，每天堅持練習，經過長時間的經驗累積，粗枝大葉的人也可以變得細心起來。我們把細節注意到了極致，很多事物便可以輕鬆知曉它的本質。這對於我們的人生格局來說，不僅是一種極其精緻的雕琢，還能極大提高成功的效率。

有位小夥子追求一位女孩兩年，始終未果。小夥子特別鬱悶，就找了位號稱是「戀愛大師」的朋友求救。

戀愛大師就問小夥子：「這女孩平時喜歡些什麼啊？」

小夥子說：「我也不知道。反正每次我請她吃飯，我點什麼，她吃什麼。出去看電影，也是我說了算，她總說看什麼都行。」

戀愛大師又問：「那你平時送禮物給她，她有什麼回應嗎？」

小夥子說：「貴重的禮物她一概不收，只有那些看起來沒花多少錢又小巧可愛的禮物，她才會收下。」

戀愛大師於是追問道：「那這女孩最喜歡的禮物是什麼呢？」

小夥子困惑地說：「我不知道。」

戀愛大師無奈地對小夥子說：「你這兩年啊，算是白追啦。你連她喜歡什麼都不知道，你究竟有多了解她呢？我勸你啊，要不就乾脆放棄，要不就細心點，留心觀察她的喜好，然後再投其所好。要不然，就算做得再多、送再多的禮物，她只會覺得你這人就是根木頭，八成沒戲。」

小夥子聽了戀愛大師的忠告，開始認真觀察女孩。他請女孩吃飯，發現她總是把青椒和芹菜挑出來，於是下次再點菜，他就不點有這兩樣食材的菜品。請女孩看電影，發現她總是在動畫電影的海報前面停留，他便請她看現正熱映的動

第五章　習慣，是格局的模具

畫電影。小夥子送女孩禮物，發現她喜歡拿著毛茸茸、胖乎乎的玩偶自拍，於是他就專門挑選更多呆萌的玩偶送給她。

越是去發現細節，小夥子就覺得這女孩越可愛。於是他就努力變得更細心。這樣的細心，久而久之，在女孩看來是非常貼心的。奇妙的愛情就在不知不覺中產生了。

後來小夥子和女孩已經要談婚論嫁了，小夥子專門跑去感謝那位號稱「戀愛大師」的朋友。誰知朋友卻說道：「我哪是什麼戀愛大師啊！我只是已經結婚了，比你經驗豐富了一點點而已。我看你那麼鬱悶，就把以前我追我老婆時遇到的問題向你問了一遍。」

可見無論是在什麼情況下，只要用心去做，就可以發現重要的細節，並逐漸走向成功。與此同時，我們還要嘗試去處理好細節與全域性的關係，讓我們所關注的細節真正能夠有效拓寬自己的人生格局，做到張弛有度、收放自如。更重要的是，我們要有意識地訓練自己，堅持用心去觀察，努力成為一個細心精緻的人。

格局需要時間的打磨

美國前總統湯瑪斯・傑弗遜（Thomas Jefferson）說：「珍惜時間的人，連抱怨的空閒都沒有。」為什麼我們要如此珍惜時間呢？因為每個人的生命都是有限的。你永遠都不知道明天會發生什麼，你也無法預測自己究竟會以哪種方式走向生命的盡頭。我們唯一能做的，就是珍惜眼前擁有的時間，在有限的生命長河裡，把屬於自己的每一分每一秒都過好。

創作了〈羅馬的農村〉、〈蘭衣女〉等著名畫作的法國畫家尚－巴蒂斯特・卡密爾・柯洛（Jean-Baptiste Camille Corot）就是個很珍惜時間的人。據說曾經有位年輕的畫家，拿著自己創作出的作品慕名找到柯羅，請柯羅幫忙指正。柯羅仔細看過之後，給了修改意見。這位年輕畫家很開心，就對柯羅說：「太感謝了，這些意見很中肯，我明天就開始著手改進。」

誰知柯羅聽畫家這麼說，卻生氣地皺起了眉頭。柯羅大

第五章　習慣，是格局的模具

聲對年輕畫家說：「明天修改太遲了。你現在就不能馬上動手嗎？把事情放到明天，如果今天晚上你就去世了怎麼辦？」年輕畫家被柯羅這麼一說，羞愧得趕緊立即回去開始修改。

珍惜時間，很重要的一點就是，今天能完成的事情，絕不拖到明天。不然就會養成不好的習慣，總是把事情留給明天，那麼明天的事情又該怎麼辦呢？難道要留給明天的明天嗎？正如明代詩人錢福〈明日歌〉中所唱：「明日復明日，明日何其多。我生待明日，萬事成蹉跎。」時間是一種最耽誤不得的東西。你耽誤了一秒，就會想要耽誤一分，耽誤了一分，就很可能會耽誤一個小時。時間就如同散沙一樣，從指縫間流走。最麻煩的是，流逝掉的時間，便再也無法彌補回來。時間沒有了，就真的失去了，而擺在我們面前的時間，看似很多，但其實只會越來越少。

許多大格局的人早就意識到了時間的珍貴，他們更加明白，時間是擠出來的，要學會節省時間。具體來講，節省時間有以下三種方法。

第一，選擇做那些省時省力的事情。美國心理學家卡曾斯（Cousins）說：「把時間用在思考上是最節省時間的事情。」也就是說，我們做事之前，一定要三思而後行，這在相當程度上能夠幫助我們節省時間。

思考時，你首先要想的就是什麼事情是自己在短時間內就能完成的，同時篩選事務的優先順序。要知道，不是什麼事情都需要你親自動手去做的，特別是一些不是很重要、可有可無的事情，能剔除掉的要盡量剔除。這樣你才能保證在省時省力的前提下，做到時間利用最大化。

有一家餐廳老闆，他每天都非常忙，除了要管理員工，他還要監督食物採購、飯菜品質、餐廳衛生等許多事情。有一天，自來水公司的工作人員把這家餐廳的水費單送錯了。老闆沒仔細看就直接繳費。

交完水費核對地址的時候，老闆才發現，原來他繳交的是隔壁的店家的水費。他打電話給自來水公司客服，諮詢這件事情的解決方案。客服說請他到自來水公司請相關主管批准，然後再到財務那裡結算就可以了。

老闆一看流程這麼繁瑣，自己又很忙碌，就直接找到了負責他們這個區域的水費抄表員，把相關情況告訴抄表員，抄表員覺得這是自己工作的錯誤，就直接幫老闆解決了這個問題。

最初，他也沒想到事情可以這樣解決。不過後來，他很慶幸自己多嘗試了一條途徑，不然還不知道要額外消耗掉多少時間去自來水公司辦事。想通了的他慢慢地放手了一些不

第五章 習慣，是格局的模具

必親自動手的工作，不但輕鬆了很多，店裡的業績反而更高了。

第二，尋找做事的最優組合方案，提高時間利用的效率。我們都知道，時間其實是能夠擠出來的。你覺得自己一天 24 個小時實在不夠用，恨不得有 48 個小時。如果你善於擠時間，這 24 小時是完完全全夠用的。

這需要我們怎麼做呢？很簡單，就是把手頭的事情優化組合，如果你做一件事情的時候，還可以兼顧到另一件事情，那麼就相當於擁有了雙倍的時間。這就像是我們用電鍋蒸飯，在鍋子的上面再放一個籠屜，籠屜裡可以放些小花捲和饅頭。過了一會兒，米飯蒸熟了，籠屜上的小花捲和饅頭也蒸好了。這樣的話，時間和能源都得到了最大限度地節省和利用。

有的上班族媽媽，工作很忙碌，但是又非常想陪伴孩子。於是當孩子週末去學鋼琴、學舞蹈的時候，這些上班族媽媽往往會隨身攜帶著筆記型電腦。孩子在教室裡跟著老師學習，媽媽便在教室外面處理工作，而不是無所事事地閒聊。

至於那些學習型人才，他們更是會利用好空閒的分分秒秒去吸收知識和資訊。你可能會發現，某公司高層，他會一

邊健身一邊戴著耳機,耳機裡播放的是國外知名學府的管理學公開課音訊。還有某位總裁,他的豪華跑車裡除了播放新聞類的廣播節目外,還會播放許多心理學、金融學、國際關係學的書籍音訊。

大多數時候,我們實在不應該抱怨自己沒時間。其實只要把時間安排好,讓手頭事務能夠優化分配,時間應該是充足的。這其中,做事效率相當關鍵。我們需要養成在單位時間內做最多有用功的好習慣,提高時間的利用率。

第三,制定彈性工作計畫。任何時間管理的核心都是要制定計畫,不過這個計畫究竟好不好,主要還在於它是否具有彈性、是否可以隨時調節。也就是說,我們制定的工作計畫,應當是動態發展的,而不是一成不變的。

具體地說,首先,你要把需要處理的事務和目標都列出來。針對相應的事務以及自己的能力,給出初步的完成時間。然後在具體的行動過程中,注意評估你的完成情況,看是否能夠按時完成任務。如果不能完成,要找到相應的原因,看看是受客觀條件影響,還是你主觀能動性的問題。如果是客觀的問題,那麼要想想它能否做些更改,如果是主觀的問題,那麼就要從自身出發,提出相應的改進措施。當然,所有這些後面步驟,都要進一步附上初步預估的完成時間。

第五章　習慣，是格局的模具

　　除了對具體事務做計劃外，我們還要對自己的整個人生格局做長遠規劃。這樣從宏觀上，對事情的總體進展會有所把握，在具體執行的時候，也就能夠做到心中有數了。

　　我們常聽新聞上說，說企業有五年、十年的發展規劃。企業往往也會有類似的發展規劃。那麼細化到我們每個人，特別是每個想要不斷拓展自己人生格局的人，我們也可以用一年、三年、五年、十年等時間段來做規劃。這樣的規劃也要根據現實情況，不斷加以評估和調整，最終目的就是要能夠真正將屬於自己的時間管理好。

　　人生格局本就是需要花時間打磨的，我們要養成珍惜時間的好習慣，千萬不能虛度了光陰。

信守承諾，才能獲得更多

　　信守承諾，對於大格局的人來說，是一種習慣。信守承諾就是要說到做到、言出必行，這樣的人在他人眼中是可以信賴的。當你收穫他人認可的時候，也往往意味著利益或者其他優勢的獲得。

　　人心隔肚皮。想要讓別人信賴你，哪怕是達到稍微信賴的程度，其實都是很困難的。別人可能會問：「我憑什麼相信你？」其實坦率地說，憑的就是你說出的話以及做到的事。

　　為什麼有些人讓人覺得不可信？因為心口不一，說到不能做到。這類人往往把話說得很漂亮，口頭保證也經常很及時，可就是行動滯後。當真正需要大刀闊斧地做些事情的時候，這人卻掉鏈子了。不過，如果這時他能夠坦率認錯，以更加積極的行動去挽救，那麼大家對他的信任還不至於損耗得太多。怕就怕只會遮掩自己的錯，明知道已經失去大家的信任了，還不斷狡辯，責任卻推卸得一乾二淨，這樣的人在

第五章　習慣，是格局的模具

大家眼裡再無信用可言。

現代社會對於信用極其看重。無論電子支付、金融業或各大銀行都有相應的信用體系。通常會以積分的形式，來衡量一個人的信用好壞。信用好，意味著可以享受更多的金融和社會福利，信用不好，那麼買房、買車可能都會遇到阻礙。

曾經有社會學的研究專家預言，未來的 20 年內，信用體系將大規模占據我們的生活。一個信守承諾的人，除了透過勤勤懇懇的勞動獲得收益外，良好的信用情況也會讓他在現代社會裡如魚得水。那麼我們或許也可以這樣認為，在未來的某一天，想要應徵一家公司，除了投遞履歷外，還需要向用人單位展示自己的信用情況。反過來看，不信守承諾的人，在未來恐怕會遇到很多阻礙，生存甚至都會成為問題。

信用這個東西，就像我們在銀行裡的存款，是可以被儲存的。除了信用積分這樣已經被量化了的信用外，我們在他人心目中形成的信用形象，就更是如此了。

每個人都知道，了解一個人需要很長時間。在這漫長的時間裡，核心的一點就是信用形象的建立。人是複雜的個體，這個世界上又沒有誰具備直接洞悉一切本質的雙眼。所以我們只能依靠以往的相處經驗，也就是他人留給你的或者

你留給他人的印象了。

好印象累積多了,他人就會嘗試著去信賴你。可是如果這中間摻雜有半點壞印象,他人可能就會懷疑你。一個人在他人心目中的信用形象,其實是非常脆弱的,有時甚至不堪一擊,往往是苦心經營很久,好不容易贏得了他人的信賴,卻因為突如其來的某件事情,頃刻間被毀掉。不過慶幸的是,信用形象主觀性非常強,同時還具有時效性,所以在彌補的時候不像信用積分那樣相對困難,只要肯做出積極的努力,以極其誠懇的姿態彌補和維護信用,重拾可信賴的形象也是極有可能的。

想讓一個人把誠信當作習慣,每天都能夠身體力行。除了要重視信用外,還要意識到失信於人的嚴重後果。這樣才能避免抱有僥倖心理,覺得小小的失信不會對人生大格局產生什麼影響。我們要時時提醒自己,對於信守承諾要保持一種警醒的狀態。特別是你很想要違背約定,讓自己享受片刻輕鬆的時候,一定要在內心深處告訴自己,這樣做很危險,它極有可能會澈底毀掉你好不容易搭建起來的人生格局。請成為一個說到做到的人吧,用心累積信用能量,總有一天你會發現,信守承諾賦予你的收穫,是物質財富所不能比的。

第五章　習慣，是格局的模具

要有原則，做黑白分明的人

當今社會飛速發展，網路上的碎片化資訊每天都以洶湧澎湃的態勢向我們撲來。毫不誇張地說，透過網路的搜尋引擎，坐在家裡動動手指，就能知曉世界各地正在發生什麼。

獲得資訊和服務的便捷性，讓不少人變得迷茫起來。普通人在網路上仰視著豪門生活的同時，往往想要真正擁有。薪水階級被眼前局促的生活限制，也往往會憧憬物質享受。如果人們這種對於物質方面的渴望，能夠轉化成正能量，倒也還好，至少能夠成為一個人努力奮鬥的主要動因之一。可是有些人動了壞念頭，毫無原則和底線地牟取利益，甚至越過雷池觸犯法律底線。

時下在網路上非常流行小額信用借貸，這種便捷的借貸方式令不少人鑄成了大錯。小丁大學畢業後，在一所小學當美術老師。由於他所處的地方薪資水準本來就不高，加上他不是主課老師，所以每個月的微薄薪水對小丁來說是件極其

鬱悶的事情。

　　後來有銀行到小丁所在的學校宣傳信用卡，小丁發現信用卡會根據使用者的信用情況給予相應的額度。有了這些額度，自己平時購物消費就可以先花額度，然後等薪資到帳了再還信用卡。小丁覺得這樣能夠緩解自己手頭拮据的現狀，於是就和其他老師一起申請辦理了信用卡。

　　這下小丁手頭寬裕不少，終於有錢花了。於是他經常豪爽地請朋友吃飯，後來交了女朋友，更是常常買貴重的禮物給女朋友。大家都以為小丁發了財，可現實卻是，每到還款日，小丁就成了名副其實的月光族。

　　小丁的薪資是有限的，他就算辦理再多的信用卡，還款實力沒有改變。小丁明顯忽略了一個主要問題，無論使用哪一種信貸業務，都需要支付給信貸機構利息。信用卡消費雖然有免息期，但是如果超期沒有還款，就會產生利息，再向銀行借錢去還信用卡，就會產生出更多的利息，那不就意味著欠了更多的錢嗎？

　　等到小丁真正用親身經歷了這樣的信貸執行規律後，他身上背負的債務已經有 50 多萬元了。最後小丁實在沒錢可還，欠款越拖越久、越欠越多，他便接到了信用機構的通知，如果再不還錢就要走法律程序了。沒辦法，小丁只好伸

第五章 習慣，是格局的模具

手向父母和八十歲的爺爺借錢。於是寵愛孫子的爺爺，拿出了原本是用來養老的錢，幫小丁把這個欠錢的大坑填上了。

這個故事其實在現實生活中常常發生。特別是很多年輕的月光族，看似過著衣食無憂的生活，其實卻背負著沉重的債務。他們錯就錯在沒有衡量清楚自己究竟有多少經濟實力，有些人還因此想去鑽法律的漏洞，挪用單位、公司財產。更有甚者會去搶劫、殺人，從此走上不歸路。

任何時候，經濟實力和法律都是我們應該遵循的最基本的底線和原則。有多少能力就去辦多少事情，有些事情以目前的經濟實力難以完成，那就先去壯大自己的力量，然後再去實現目標。不要妄想投機取巧，更不要冒險去觸犯法律底線。法律面前不容半點試探，假如極其愚蠢地輕視了這個底線，那麼必定會付出慘痛的代價。

除此之外，道德底線也應當被我們所重視。品格是一個人格局的靈魂所在，大格局的人，應當是一個品格高尚的人。高尚的品格有哪些呢？比如大公無私、捨己為人、善良、正直、樂觀、積極進取、孝順等等。在這個世界上，但凡是好的、正面的東西，都充滿了正能量，我們也只有在正能量的驅使下向著正確的方向前行，走的每一步才可以稱得上是正確的。

在許多影視劇作品中，包青天鐵面無私的黑面形象，出鏡率非常高了。包青天是南宋時期的包拯，他斷案嚴明、秉公執法。包拯當官期間，做了很多有利於國家發展的事情。他幫助老百姓減免賦稅、改革訴訟制度。正是因為包拯嚴守道德底線，受到了人們的愛戴，所以後來人們便把他加以神話，特別強化了他在開封當官的經歷，同時給他賦予了黑面包公這樣一個更加威嚴的形象。這其實也從側面體現了人們對於包拯這樣堅守道德底線的人物的信賴。

根據經驗和教訓形成的做事情的原則，也應當是我們所堅持的。人從來到這個世界上，就一直在學習生存和適應環境。你用發現的眼睛，觀察著這個世界，你的所有經歷，都是一種寶貴的財富。在我們的記憶深處，那些受過的傷、吃過的虧，最終都會轉化為經驗和教訓，我們銘記這些，往往就能保證自己不在同一個地方跌倒。久而久之，我們便形成了一套自己獨有的做事原則，這往往是一些細節上的行為體現。

比如有人曾經在街上邊看手機邊走路，結果被壞人搶了手機，還讓自己受了傷。從此以後，這個人便堅持走路不看手機了。還有某個寫手，為了多賺些稿費，一次接了兩家公司的項目，卻不能按時交稿，損失了信用，後來這位寫手便每次只接一家公司的一個項目，堅持完成一件事後再去做另

第五章　習慣，是格局的模具

一件事。

　　這裡需要指出的是，我們要靈活地看待自己累積的經驗和教訓。大原則要堅持，同時還要注意具體問題具體分析。有時生搬硬套經驗和教訓，也未必正確。這就要求我們先對現實情況做出科學的判斷，然後再去靈活地決定自己應當堅持些什麼。

　　總而言之，大格局的人首先就應當是一個黑白分明的人。對就是對，錯就是錯。也只有在頭腦中明確了原則的界限，做事堅持相應的底線，我們的行動才會有價值。當你的頭腦中明白做事時自己應當堅持什麼樣的標準，那麼前進的節奏就會加快，效率也會變高，就可以全身心地向著自己理想的人生格局奮勇前進了！

第六章

拖延,是格局的絆腳石

第六章 拖延，是格局的絆腳石

做事拖延的人，工作效率低下，總是處於被動狀態。容易被人牽著走，也容易被各式各樣的負面情緒困擾。拖延會毀掉行動，不過行動也能治癒拖延。只要肯積極行動起來，現狀就會在循序漸進中改變。我們有理由相信，自己可以變被動為主動，並隨時為即將到來的機會認眞準備，然後眞刀眞槍大展身手。

如何擺脫拖延症

正逢大學生畢業季，某大學論壇曾瘋傳過一幅發人深省的漫畫。有位白髮蒼蒼的老教授，天天在學生宿舍等待。老教授這是要做什麼呢？原來，他在等一個姓諸葛的學生。不過這位諸葛同學，可不像三國時期的諸葛亮那樣才能出眾，老教授也不是為了求得賢才而三顧茅廬的劉備。德高望重的老教授之所以整天在學生宿舍門口等著，實在是因為這位諸葛同學的畢業論文一拖再拖，拖得老教授不得不跟在他屁股後面怒吼著索要論文。

老教授這煩人的學生，其實就是個典型的拖延症患者。「拖延症」是什麼？這個詞對於我們來說並不陌生。無論新聞頭條，或者社群平臺，常會有「拖延症」三個大字映入眼簾。可見「拖延症」已被人們廣泛關注，它是現代社會人們做事情時的一種常見的延時狀態。不過這種狀態並不是一種正向健康的狀態，應該算是一種失控的病態了，所以被稱為是

第六章 拖延，是格局的絆腳石

「症」。

調查顯示，有一半以上的大學生認為自己已經患上了拖延症。而在大城市中，80％以上的上班族做事偶爾拖延，50％以上經常拖延。無論是莘莘學子，還是出入辦公室的上班族，很多人都被拖延症所累。

心理學專家指出，拖延症最顯著的表現，就是明明知道沒有按計畫完成事情會有很嚴重的後果，還會帶給自己和他人不好的影響，但做事還是能拖則拖、一拖再拖，很少或者基本沒有按時完成任務的時候。即便心裡知道憑藉自身能力有條件按照規定時間完成相關事宜，卻還是因為種種原因最終導致了拖延。時間觀念成了空談，遲到、推遲完成任務就成了家常便飯。

從心理層面上來看，這樣拖來拖去會帶來焦慮、憂鬱、自責等負面情緒，不僅會令一個人的自信在拖延中被消磨掉，甚至會讓人患上憂鬱症等心理疾病；從現實層面上來看，拖延症會把一個人的格局變小。拖延症者每天都在為自己無法完成相應的計畫而擔心，思考的永遠是那一畝三分地的事情，這阻礙了他們站在整體和全域性去看待和思考問題，更別指望能夠對未來以及整個人生做出科學的規畫了。心變得狹窄，人生的層次自然不會高到哪裡去！

如何擺脫拖延症

反之則不然，如果做事乾脆俐落，總是能夠按時完成相應的任務，不僅整個人會很自信，心態積極樂觀，而且這個人的格局也會不一樣，對於成就人生大有裨益。一個人是這樣，一個團隊更是這樣。

拖延症如今如此普遍，究竟是什麼原因導致的呢？有人覺得，懶惰是拖延症的一個直接誘因，還因此出現了「懶癌」這樣新名詞。懶癌患者，基本上是坐在電腦前連挪一下地方都懶得動，連吃飯都懶得伸手。人都懶到這種程度了，就別指望他能高效率地完成分內事，拖延自然就成為家常便飯。

可是面對人性中隱藏的懶惰，不少商家為了獲得消費者的青睞，大力鼓吹「懶人文化」，這在無形中為拖延找到了合理的藉口。你喜歡宅在家裡，整天坐在電腦前，商家就推出了可以讓你整天癱坐在裡面的懶人座椅；你喜歡吃火鍋，卻懶得出門，商家就推出了像吃速食麵一樣省事的懶人火鍋。美國有製造商甚至還發明了餵飯機器人，真正實現了飯來張口的美夢。偷懶這件事被宣傳得正常化起來。蘇格蘭專家甚至提出，懶惰是由於人體中基因突變造成的，更把「懶文化」推向了一個新高度。科技讓人們可以在生活中變得如此懶惰，偷懶都成了深入人基因裡面的東西，那麼因為偷懶而產生的拖延，也就變得極為合理和可以被接受了。可惜事實並非如此。

第六章　拖延，是格局的絆腳石

　　還有很多人提倡的「慢活」理念，成了拖延症患者誤以為自己可以一拖再拖的有力支持。所謂「慢活」，就是鼓勵人們放慢腳步去享受生活。據說這一理念最初起源於英國，主張人們要放慢腳步工作、生活、閱讀、購物等等。不過真正的慢活強調人們要能夠收放自如，該快的時候就要快起來，該慢的時候才應該慢下去。然而不少拖延症患者卻誤解了「慢活」，打著慢活旗號，覺得自己拖延就是在享受生活。明明該加快速度行動了，拖延症患者卻顯得很糾結，好像把分內事做完，就不是一個完完全全的慢活族了，這是對「慢活」理念理解上的謬誤。

　　由懶惰導致的拖延症，還有一個很重要的因素就是娛樂的誘惑。娛樂被過分放大，而且人們獲得娛樂的方式越來越簡單直接。90分鐘的電影，觀眾坐不住，電影商就把時間縮短，像看廣告片一樣推出微電影；書上的文字太多，讀者看不下去，就把書變成圖畫，或者變成有聲書，用聽的就不費力。於是環境中的娛樂因素變得五花八門，輕鬆還容易得到，天天沉浸在這樣的娛樂中，被動接受著資訊，懶得用腦子、懶得動手，久而久之，懶就成了習慣。受到環境中娛樂因素的誘惑，再加上人們懶習慣了，這便成了大部分人患上拖延症的主要原因。

　　當然也有拖延症患者會大聲喊冤，這一類人從表面上看

如何擺脫拖延症

並不懶惰,每天早早起床,擠公車、擠地鐵,勤勤懇懇地去上班上學。可是為什麼做事效率就不高呢?這就要從一個人的內在去尋找原因了。美國加利福尼亞州的心理研究專家指出,很多表面上看似勤奮的人,之所以做事情顯得拖拖拉拉,往往是因為內心深處的某種害怕。人們會害怕做過多重複的事情,由此產生的厭惡情緒,會降低做事情的效率。面對挑戰時,人們也會害怕,即便是很想快點達成目標,但如果潛意識覺得事情有難度,怕自己不能勝任,也會選擇逃避和拖延。還有來自拖延的惡性循環,令一個人總是不能按時完成任務,被他人催促、責備,壓力重重,由此導致成就感缺失,也就更加不想去積極主動地做事了。

有這樣一位天才畫家就是如此,他創作出了傳世名畫〈蒙娜麗莎〉(Mona Lisa),被譽為歐洲文藝復興時期最傑出的代表人物之一,義大利著名藝術家李奧納多‧達文西(Leonardo da Vinci)。他的作品如今都是無價之寶。達文西創作〈蒙娜麗莎〉用了4年多的時間,他的其他畫作也耗時非常長,以致於達文西流傳下來的名畫連20幅都不到,實在不是一位很高產的畫家。在達文西的筆記中我們可以發現,他曾經非常苦惱自己的拖延症,總擔心有事情沒完成。拖延症不僅在精神上折磨著達文西,令他的才能難以充分發揮,還讓後人喪失了欣賞達文西更多畫作的機會,實在可惜。

第六章　拖延，是格局的絆腳石

　　從現在想辦法改變，擺脫拖延症是來得及的。就怕意識到了拖延症的嚴重性，卻不去面對和改變。逃避問題、沉湎於享樂，拖延症就很有可能發展成恐怖的拖延癌，那時再想做出改變，就難上加難了！

開始行動，才能改變現狀

　　拖延症，從本質上而言，就是一個人開始變得不受自己控制。你想要按時完成相關事務，手腳卻不聽使喚。即便很多拖延症患者想要做出改變，卻因為找不到方法而顯得力不從心。行動是治癒拖延症最有效的辦法，你的人生格局也會在行動中被無數次拓展。

　　哈佛大學著名哲學教授耶曼遜說過：「昨天再也回不來了，明天還有很多未知，你能夠把握的就只有今天了。今天這唯一的一天，可以當作兩個明天來用。」想要擺脫拖延症的困擾，與其每天擔憂、焦慮，不如現在就行動，嘗試著去做那些擔憂和焦慮的事情，做了就會有改變。

　　我們必須隨時提醒自己，努力隔絕那些因為長期拖延而形成的「等等再做」的思維。用心理暗示告訴自己，千萬不要再等下去了，再等、再拖下去，什麼都來不及了。真正的行動派，勢必是活在當下、能夠馬上做事的人。儘管得失成敗

第六章　拖延，是格局的絆腳石

需要我們認真考量，但是花太多時間在思考問題上，往往會變成猶豫，最終形成拖延。如果你已經把問題想清楚了，那就立刻去行動，如果你想了半天還是沒有想清楚問題，那就**邊想邊**行動。人生最不能浪費的就是時間，與其把寶貴的時間花在因沒完沒了思考變成的拖延上，不如加快腳步前行。

擺脫拖延症，行動是很重要，但這樣的行動必須是有效的行動，是能夠切中要害的行動。如果只是一味地做無用功，只會越忙碌越受打擊，強烈的挫敗感不僅不會治癒拖延症，還極有可能讓這種病症加重，這是明擺著的事實。

當你面前擺著很多因為拖延症而積壓下來的事務時，去做那些最重要的事情。把那些能夠有效提升人生格局的事情先迅速做好，然後再去做其他事。有的時候，核心問題處理好了，其他問題也就迎刃而解了。這是實現高效率人生的一種有效途徑，也是拓展人生格局最簡單直接的做法。

齊剛在一家貿易公司當經理，**屬於中層管理者**，每天都要處理很多事務。這些事務有來自主管的工作安排，也有來自下屬的工作問題。齊剛每天起早貪黑，連家都顧不上，忙得像隻無頭蒼蠅，工作內容卻依舊堆積如山，讓他處理不完。久而久之，齊剛對自己的工作產生了厭煩情緒，他覺得自己似乎患上了嚴重的拖延症，開始不想工作，而且工作效率越來越低。上司因此對齊剛感到不滿，下屬又總是顯得很

無能,齊剛漸漸感到心灰意冷。

有次他與一位研究管理學的朋友聚會,齊剛與朋友聊起了目前自己在工作上窘迫的處境。於是朋友問齊剛:「你覺得上司委派給你的工作任務,與下屬給你帶來的工作問題,哪個更重要?」

齊剛毫不猶豫地說:「當然是上司的工作任務重要,我一定會優先解決上司交辦的任務,然後再去考慮下屬的問題。」

朋友笑著點了點頭,又問:「那麼如果上司委派給你的任務是去幫他拿一份重要的會議檔案,而下屬給你回饋的問題是公司的重要客戶很可能就要丟失了,你會優先解決哪個問題呢?」

這下齊剛就犯難了,他說:「上司的檔案很重要,可是如果下屬的問題不解決,公司損失了客戶我是要負責任的啊,我究竟應該怎麼做呢?」

朋友告訴齊剛:「還是應該優先處理上司的事務,至於下屬提出的問題,雖然很緊急,但是你可以適當放權,給下屬一些指導,讓下屬先想辦法去解決。下屬需要鍛鍊自己解決危機的能力,不能什麼事情都依靠你這個『老好人』上司,不然你會被繁瑣的事務弄得很累。」

第六章　拖延，是格局的絆腳石

　　這次聊天後，齊剛豁然開朗，他意識到自己的拖延症有救了，解決這個問題的良藥就是管理方式的轉變。齊剛開始嘗試做事分清輕重緩急，優先處理那些最重要的事情，而不是什麼事情都往自己身上攬，同時在最短的時間內爭取做最多的有用功。沒多久，齊剛不僅工作效率提高了，他的團隊裡也開始出現許多能幹的精兵強將。上司把這一切都看在眼裡，不僅在公司年會上給了齊剛很高的評價，還為他爭取到了出國培訓的機會，這是齊剛升職加薪的契機。

　　治癒拖延症，最重要的就是要堅持自律。對於拖延症患者而言，行動起來，往往就意味著改變的開始。可是如果行動中沒有很好地堅持自律，那麼人生還是有可能會失控，很可能努力了半天卻回到了原點。

　　愛爾蘭劇作家蕭伯納（George Bernard Shaw）說：「最強大的人，他擁有自我控制的本能。」透過行動改變拖延的現狀，用堅持去維持這種狀態，養成自我控制的好習慣。建立完美的人生格局，最怕的就是放棄。當一個人放棄了自我控制的時候，也就意味著他放棄了最本真的自我。不要向內心深處的懶惰與懦弱妥協，用行動改變現狀，現實才會如你所願。

主動的人，掌握自己的命運

　　拖延症主要的負面影響就是讓我們顯得被動，總是被別人催著、趕著去做事。工作效率低下，心情也往往顯得很焦慮，人就開始不自覺地害怕，甚至有種強烈的負罪感。內心無限空虛，有種無依無靠的缺失感。

　　不過，變被動為主動也並不是什麼很困難的事情。只要肯為改變付出行動，與之相伴的主動性就已經產生了。然後透過興趣、成就感，以及自我控制來強化這種主動性，那麼根治拖延症也就不是什麼大問題。

　　毫無疑問，興趣是激發一個人主動性的直接誘因。我們做一件事情，只有感興趣的時候，才會想要去主動嘗試。興趣讓我們做事時充滿激情、創意十足，並且不知疲倦。如果你想讓自己活得更加主動些，而不是一個被動的拖延症患者，那麼你可以從那些自己感興趣的事情做起。當年在哈佛大學讀書的美國小夥子馬克・祖克柏（Mark Zuckerberg），就

第六章　拖延，是格局的絆腳石

是憑藉對程式設計、軟體開發的興趣，創造了臉書（Facebook），如今在全球家喻戶曉的網路社交平臺。據說當時祖克柏只用了大約一週左右的時間就把臉書網站建立起來。祖克柏在中學的時候就已經開始學習程式設計，並被老師視作神童。到了高中時，他更是開發出了一些遊戲、通訊、音樂軟體。祖克柏也因此被微軟公司和美國線上邀請去參加培訓和就職，不過為了到哈佛大學讀書，他放棄了這些機會。

在興趣的激發下，一個人一旦獲得了主動性，許多現實條件根本不是什麼大問題了。有條件的話，竭盡全力去做事；沒條件的話，就創造條件去做事。憑藉興趣的指引，很多大格局的人做起事情來，甚至主動得有些瘋狂和偏執。恰恰是這樣的處事狀態，讓他們收穫了常人難以實現的成功。

如果說興趣能夠調動一個人行動激情的話，那麼成就感則可以讓這個人長久地維持做事積極主動的狀態。每種成就感往往都伴隨在我們達成的一個又一個小目標之後，我們也通常是在看到事情有起色、感到小有所成的時候，才會願意去付出更多努力，把事情進一步做好。如果不想長時間被拖延症困擾，擺脫這種被動的尷尬處境，可以試著從行動中找尋成就感，這是個省時高效的好方法。

格局大的人，在做事情時往往是快節奏的。他們喜歡像指揮交響樂那樣，把自己的生活和工作安排得很緊湊。這樣

的人總是積極主動地掌握著自己的命運,從不會像拖延症患者那樣懶散拖拉、懦弱迷茫。大格局的人,除了隨時充滿好奇心,還要有很好的自我控制能力,知道用自我暗示來調整情緒。當你能理智地面對現實、不受情緒干擾去做事情時,前進的步伐也會變得更加快速有力。人的潛力是很大的,很多看似不可能的目標其實是可以達成的,其中的關鍵就是你相不相信自己真正能夠做得到。心理暗示從某種角度上來說,就是我們在告訴自己「能做到」。有了這樣不斷強化的暗示,內心就會少很多動搖。

第六章　拖延，是格局的絆腳石

「機會」，是留給有準備的人

古時候有兩個賣西瓜的青年，坐在樹蔭下爭論。青年阿福說：「只要我的西瓜好，就不愁沒人買。」

青年阿貴卻反駁道：「西瓜好有什麼用，沒有好的機會，遇不到好的買主，再好的西瓜最終還不是會爛掉！」

這時，不知從哪兒冒出來一位白鬍子老人，笑著對兩個青年說：「你們爭論的問題很有趣，我建議你倆不妨來比試一下。」隨後老人揮了揮手中的拂塵，接著說：「阿福啊，我現在把全天下最好的西瓜都給了你，但是拿走了你的機會；阿貴啊，我現在把你的西瓜都變成了爛瓜，但我會給你很多好機會。就讓我們來看看，你們兩個誰能先過上富裕的生活吧。」

話音剛落，老人竟然消失了。這兩個青年才明白過來，原來他們遇到的是一位老神仙。兩個青年趕緊向老人消失的方向拜了三拜，然後各自賣起了西瓜。

「機會」，是留給有準備的人

　　一個上午，阿福那邊一個買瓜的客人都沒有，阿貴那邊呢，經常是人來人往。沒過多久，阿貴的西瓜就都賣完了，阿福的西瓜卻一個都沒賣出去。阿貴得意地邊數錢邊向阿福炫耀道：「你看，還是機會重要吧，我的瓜再不好，只要有人願意買就行。」

　　阿貴話音剛落，突然有人領著很多官差來抓他。那人喊道：「就是這個賣西瓜的，我家兒子吃了他的西瓜，一直鬧肚子，現在連小命都快沒了。大人，快抓住他呀！」

　　阿貴一聽，捲著錢立刻逃跑了。阿福看官差因為天氣熱已經滿頭大汗，就趕緊切開一個西瓜，遞到官差面前說：「大人先消消火，吃點西瓜吧。」官差一看阿福的西瓜，就饞得直流口水，還叫來其他官差一起吃西瓜。很快，大家就都知道阿福的西瓜好吃了，於是有越來越多的人願意來買阿福的西瓜。

　　至於拿著錢逃跑的阿貴，本想用這些錢做點木材生意。誰知阿貴進的都是爛木頭，雖然有很多人願意與他合作，還有很多人前來購買木材，但最終阿貴還是因為東西不好，賠得血本無歸，再次成了人人喊打的對象。

　　後來有一天，破衣爛衫的阿貴來到一座大宅子前，他覺得從宅子裡出來的主人很眼熟，仔細一看，竟然是阿福！阿

第六章　拖延，是格局的絆腳石

貴覺得異常慚愧，終於意識到自己是真的輸了，就算他有再好的機會，手裡的商品不好，也注定不會成功。

這時那位老神仙又出現了，他告訴兩個青年：「西瓜就像是我們的能力，如果你沒有好能力，就算是機會來了，你也根本抓不住，搞不好還會給自己帶來麻煩。」兩個青年若有所思地點了點頭，老神仙見他們已經明白了這其中的道理，揮了揮手中的拂塵，讓一切恢復到了從前。

其實很多渴望成功的人，都會像故事裡的阿貴那樣，認為機會很重要。他們往往覺得自己之所以還沒有實現夢想，就是缺少一個伯樂，缺少一份能夠收獲成功的機會。很多人等來了機會，卻因為自身能力不足而錯失了機會。

機會在成功道路上並不是絕對的主導，相反，機會是可以被主動創造出來的。成功的人身上真正閃爍著光芒的，是不可替代的能力。能力構成了他們人生格局的穩定核心，有了超凡的能力，即便是經歷失敗、機會缺失，他們依舊可以憑藉頑強的毅力執著地衝向成功。這也恰恰應了我們常說的那句話：「機會留給有準備的人。」

戰國時期，趙國平原君門下有很多有才能的門客。其中有個叫做毛遂的人，在平原君那裡待了三年，沒有被重視。在這三年裡，毛遂沒有怨天尤人，也沒有患上拖延症，他一

「機會」，是留給有準備的人

直都在認真讀書，仔細關注天下形勢，注重提升自身能力。

有一天，秦國大軍壓境，趙王派平原君去楚國搬救兵，平原君打算從自己的門客中挑選出二十個有才能的人和他一起去。挑了十九個人之後，平原君覺得再也找不到合適的人了。這時毛遂抓住機會，自告奮勇地站了出來。平原君就問毛遂：「你在我這裡待了三年，沒有得到重用，你會有什麼才能呢？」

毛遂極其自信地告訴平原君：「這三年就是我累積能力的時間，現在您大可以放心用我，保證不會讓您失望！」

毛遂相信自己的能力，表現得非常自信。他的這種自信感染了平原君，平原君便決定帶著他一起去楚國。沒想到到了楚國後，平原君跟楚王怎麼談也談不攏，毛遂卻憑藉自己的手段說服楚王。在毛遂的幫助下，平原君成功地從楚王那裡搬來了救兵。毛遂也因為這次才能的展現，深受平原君的器重。

對於每天都等著天上掉餡餅的拖延症患者來說，如果再不清醒一點，利用有限的時間去強大自我，每天依舊在一種拖拖拉拉、渾渾噩噩的狀態下生活，那麼即便是真的出現了好機會，恐怕也未必能抓得住。

不要在碌碌無為的時候抱怨自己缺乏機會，要學會審視

167

第六章　拖延，是格局的絆腳石

自己，每天究竟花了多少時間在提升自己的能力上，又用了多少時間在做白日夢？成功學大師戴爾‧卡內基（Dale Carnegie）曾經說過：「世界上最不缺的就是機會，真正缺少的卻是已經為機會做好準備的人。」無論我們現在擁有怎樣的人生格局，都沒有理由垂頭喪氣，依舊應當咬緊牙關、積極進取。你早晚會發現，當你做的事情越多時，收穫的經驗和教訓就越多，這些都是幫助你成功的珍貴養料。不要在意旁人的冷嘲熱諷，我們必須堅定地相信，主動做出改變的人，才是最明智的人，而那些在原地停滯不前、辦事拖拖拉拉的人，才真正是愚蠢的人。

不要光說不做

　　拖延症患者的一個顯著特點就是嘴皮子功夫了得，行動卻總是很滯後。他們誇誇其談著自己的夢想，抱怨著現實的不公平，可是一切都停留在口頭。最終的結果就是，這一類只說不做的人，人生格局永遠都是那樣，嘴上說得很漂亮，現實卻異常殘酷。

　　別只說不做，並不意味著不提倡你把夢想或者是計畫說出來。廣告教父大衛・奧格威（David Ogilvy）就主張把所有想法寫在一個小本子上。當你以文字的形式把想法呈現出來的時候，不僅會對這些點子加深印象，更重要的是，這種形式令你的大腦開始對它們進行深入細緻的思考。這些想法不會只是停留在嘴上說說的程度，而是被你權衡再三，最終做出科學的決策。

　　在很多國際性的大企業中，特別是涉及產品設計、動漫、影視劇等創意產品的公司，主管往往非常崇尚腦力激

第六章　拖延，是格局的絆腳石

盪。他們會把相應的創意人員召集起來，召開腦力激盪會議，在會議上讓大家暢所欲言。這種腦力激盪法是由美國一家名為 BBDO 的廣告公司創造而來的，這種方法提倡鼓勵與開放，在會議上，即便是主管階級也不能對與會者提出的想法做出任何評價。透過這種方法，最主要的目的就是盡可能多地收集想法和創意。當收集到的想法足夠多時，再進行下一個步驟，也就是篩選這些想法，從中找到最切實可行的想法，進而付諸行動。

很多有創業打算的人，當他們有了一個想法後，總是想找知心的親戚朋友聊一聊。他們的這種聊天，與拖延症患者的誇誇其談是有區別的。前者往往是在向他人徵求建議，而後者則是在浪費時間。

比爾蓋茲和保羅・艾倫（Paul Allen）創立微軟公司的時候，兩個人一起商量很多次。許多成功的名人，他們所做的每一步舉措，事實上都在行動之初，經歷過縝密的思考，同時向他們認為可以信賴的朋友或者是導師取經。

不過這些大格局的人成功的關鍵是他們能夠想好就去做，而不是只說不做。他們深知，想法究竟好不好，只有經過實踐的檢驗，才能獲得最為科學的答案。即便是在他人看來有些天方夜譚的想法，經過仔細衡量後覺得可行，也應當去嘗試實踐，有時恰恰是這種充滿創意的想法能夠創造更大

的奇蹟。

　　事情是做出來的，不是說出來的。如果你夢想有朝一日自己能功成名就，那麼現在就要把想法積極落實。為什麼這個世界上有太多的人很平庸，而只有少數人獲得了前所未有的成功呢？這些成功者的事蹟被報紙報導，他們的大名在網路上隨處可見，電視上的各類綜藝節目中也經常會出現他們的身影。這其中的奧祕就在於，很多人總是把想法說說就算了，做事情的時候缺乏毅力，遇到困難便打退堂鼓，還總是患得患失。而這些真正大格局的成功者，他們往往是說得少、做得多，說話最終也是為了能夠很好地做事。在這種孜孜不倦的奮鬥狀態下，他們從最初的平庸昇華成超凡脫俗的偉大。

　　戰國時期，身經百戰的廉頗為了趙國在長平與秦軍苦戰。趙王卻不信任廉頗的軍事才能，覺得他只是一味地防守，對於秦軍沒有任何打擊力度。於是趙王聽信秦軍散布的謠言，將只會紙上談兵的趙括換為主將。趙括是已故的趙國名將趙奢的兒子，在當時的知名度非常高。不過他雖然嘴上將兵法說得頭頭是道，卻從來沒有上過戰場，根本沒有實際的作戰經驗。趙括代替廉頗後，就由防守轉變成了進攻，趙國澈底中了秦軍的圈套，趙軍不僅被打敗，還損失了數十萬的兵馬，差一點令整個國家都滅亡。

第六章　拖延，是格局的絆腳石

　　需要注意的是，這個世界上總是有很多道貌岸然的評論家，他們在你做事的時候指手畫腳，大可不必理會這些通常只會耍嘴皮子功夫的無聊人士。對於毫無意義的評論和干擾，你要學會區分和過濾，不要讓它們成為你前行的絆腳石。特別是面對充滿負能量時，要提高警惕。還有那些看到你所做的事情有點起色，就滿嘴散發出嫉妒惡臭的人，必要的時候，你要做出有力的回擊，用你的篤定與睿智讓他們閉嘴。

　　我們需要記住的是，實踐永遠是檢驗真理的標準。你率先邁出了堅定有力的步伐，往往意味著你已經贏得了先機。有時我們也會被各式各樣的聲音影響，特別是面對失敗或身心疲憊時，拖延症再度來襲，這時難免會對自己所做的事情產生困惑與動搖。這就需要我們不斷地與自己的內心深處溝通，提醒自己不要忘記做事的初衷。一個人，如果能夠保留一顆對於初衷的真心，就算是有再多干擾、經歷再大的挫折，也依舊會在某個關鍵時刻站起來，憑藉自己力挽狂瀾！

第七章
毅力,是格局的催化劑

第七章　毅力，是格局的催化劑

毅力是一種寶貴的人生財富，可以讓人不被紛繁複雜的事物迷惑。在有毅力的人眼中，看的永遠是理想的方向，一時的挫折，阻礙不了他們前行的腳步。

別輕易放棄，堅持下去

　　大格局的人之所以會成功，相當程度上在於做事具有不輕言放棄的毅力。放棄很容易，堅持卻很難，因為堅持前行的道路上往往荊棘叢生，需要忍受孤獨和失敗帶來的痛苦，還要花費很大的心力自我調節。然而，當我們告訴自己再堅持一下的時候，你會驚喜地發現，自己原來是可以堅持著走過來的。沒有輕言放棄收穫的成功，才算是貨真價實的成功。

　　毅力往往來源於我們內心深處的某種觸動，這種觸動會引起情感上的共鳴，於是便堅定了我們把這件事情堅持做下去的決心。特別是來自家人、愛人、朋友的支持，讓我們深深感動之餘，就更加想要實現理想，似乎也只有這樣做，才能不辜負他們對自己的愛與信任。有了愛的動力，毅力便能夠逐步被強化，愛人溫暖的關懷，可以幫助你度過難關，繼續堅持著前行。

第七章　毅力，是格局的催化劑

換個角度來看，無論你的理想、前進目標是什麼，只有堅持下去，這一切才能夠實現。至於放棄，雖然看似輕鬆，但放棄之後，如果你還是很不甘心，那麼內心就會陷入無盡的悔恨之中。有的人因此總是回顧過去，在現實生活中卻無從落腳，沒有真正活在當下，行動就更加難以對一切有所改變，每天伴隨的，就只有毫無意義的怨聲載道了。

現今職場上，很多年輕人跳槽成癮。有的大學畢業生來到新的公司，實習期還沒過，就選擇放棄走人了。他們選擇跳槽，不是為了謀求更好的職業發展，而是因為與主管或同事不和，或者對公司的實習薪資、晉升不滿意等。

珍珍就是這樣一個年輕人，她畢業於某知名大學，學的是企業管理專業。大學畢業後，珍珍的家人幫她在一家進出口公司的人力資源部找到實習機會。三個月只能拿到6,000元的實習薪資，但一週只上三天班。

可是剛到公司實習兩天，問題就來了，珍珍覺得部門主管總是凶巴巴的，經常指派她做許多雜事。珍珍認為自己的實習薪資就那麼一點點，憑什麼讓她做這麼多事情，心裡非常不平衡。事實上，這位主管覺得珍珍有很強的學習能力，所以就想要盡可能地在實習期內多教她一些東西。原來主管有心培養人才，可珍珍卻根本沒往這方面想。

有時主管會在珍珍休息在家的時候,把她叫回公司加班,珍珍便覺得主管有意為難她。主管為珍珍安排一位資深前輩,帶她學習人力資源管理方面的業務,珍珍卻覺得是主管專門安插親信監視她,並且跟她作對。就這樣,珍珍的牴觸情緒越來越嚴重。終於有一天,她覺得自己實在忍無可忍了,就向主管提出辭職,決定離開公司。

珍珍的實習時間連一個月都不到,在這麼短的時間內,珍珍幾乎什麼都沒學到,還因為自己的輕言放棄,連實習薪資都沒有拿到。人事主管感到很無奈,像珍珍這樣的職場新人其實有很多,可是就算她離開公司,找到新的工作,她的工作情況也不會好轉。

正如人事主管所料,珍珍經同學介紹,在一家傳媒公司的人事部找到了工作,不過試用期的薪資也只有 7,500 元。還是老問題,珍珍嫌薪資低,主管又總委派她很多工作,沒過多久,珍珍又選擇離職。後來珍珍輾轉換了好幾份工作,但是換來換去,工作能力沒有獲得提升,薪資待遇也在原地踏步。這種窘迫的處境,讓珍珍對自己失去信心。

在職場上,跳槽是一件很正常的事情,但是經常跳槽就不正常了。任何工作都需要花時間了解和適應,只有靜下心來認真學習,才能真正透過工作提升自己的綜合競爭力。工作還沒做順手,卻因為人際關係問題或是對細節上的斤斤計

第七章　毅力，是格局的催化劑

較，而輕易放棄現在的工作轉身離去，這是非常不明智的。這會讓人覺得你是個很沒有毅力的人。沒有毅力的人又怎麼讓人信賴？讓人相信你能做成大事呢？同時，對自己而言，經常放棄也會讓人自我懷疑，甚至認為自己就是不能長久地堅持做一件事情。被別人看扁不可怕，但如果被自己看扁，那就不是可怕那麼簡單了，而是真正的可悲了。

美國學者說：「一個人的成功不在於他力量的大小，真正的奧祕在於，他究竟能夠堅持多久。」在長跑比賽中，很多運動員都有過體能達到極限時，那種極其疲憊、痛苦、絕望的感覺。可是如果此時停止了跑步，澈底放棄，運動員所經歷的不僅僅是這次比賽的失敗，還有耐力的停滯不前，以及長時間因為自我否定而令比賽成績無法超越的窘境。如果再堅持一下呢？運動員深吸一口氣，細細品味著體能透支後的疲憊感，大腦堅強地支配著雙腿繼續向前奔跑。此時運動員耳邊迴盪的，往往是自己的心跳聲，剎那間覺得，與自己的內心從未如此接近，看臺上觀眾的鼓勵、吶喊聲也都聽不見了，看向終點的時候，運動員身體內爆發出一種更強大的力量，反而步伐輕盈地衝向了終點。運動員享受的不僅僅是勝利的喜悅，還有超越自我後，前所未有的成就感。這時的運動員，無論是能力還是精神都有了蛻變和昇華。

在不斷拓寬人生格局的道路上，如果想要堅持不放棄，

首先需要明白，不放棄會怎樣、放棄了又會怎樣。要理智地看到最壞的結果，千萬不可以過分情緒化。真正需要強化情感訴求的地方，其實是在我們堅持做一件事情的時候，在情感方面為自己找個合理的堅持理由，往往會讓你動力十足。同時，我們還要隨時提醒自己不放棄，即便是現實情況再糟糕，不放棄就還有扭轉局勢的機會，可是如果放棄了，就什麼都沒了，甚至還可能因此迷失了自己。

第七章　毅力，是格局的催化劑

別被不相干的事物所迷惑

如果你在無關緊要的事情上花費太多的時間和精力，當你再去解決那些與目標有關的核心問題時，往往會力不從心。

就如同大人們常跟孩子講的小猴子下山的故事。小猴子明明摘到了很多又大又可口的桃子，卻被玉米吸引了注意力，然後不明智地把桃子都丟了，跑去摘很多玉米。剛捧起玉米，卻又看到圓滾滾的大西瓜，於是又丟了玉米跑去摘西瓜。誰知剛摘到大西瓜，小猴子又被一隻兔子吸引住，它跑去追兔子，把西瓜就這麼丟了。到頭來兔子沒追到，什麼也沒摘，只能空手而回。

這個故事雖然簡單，卻蘊含關於格局的大道理。在追逐理想的道路上，如果總是被沿途的眾多事物迷惑，看什麼都好、什麼都想要擁有，最終很有可能什麼都得不到。

當我們向著理想的方向前進，要保持專注、抵制誘惑。

別被不相干的事物所迷惑

這樣才能保證足夠專注。金錢對於一個人的吸引力是赤裸裸的，有了錢，意味著能獲得更大限度的財務自由。可以自主決定到世界上的任何一個地方旅行，也可以隨意購買想要的東西，看起來非常誘人。不過比起實現理想後的收穫，這些都可以看作是蠅頭小利。可是有人不明白金錢的實質，不明白它原本就是一種工具。他們過度追求利益，令自己偏離了原先的人生軌道，甚至喪失了起碼的人格。這不僅令一個人的格局被毀於一旦，整個人生也可能因此毀滅。

來自娛樂的誘惑，看上去也很輕鬆美好。不少人也常常會被迷惑，變得安於現狀，特別是現在的網路，每個人幾乎都能找到自己喜歡的娛樂方式。無論是網路遊戲、電影影片，或者是刷社群平臺、聽有聲故事等等。網路的資訊大潮，已經將大家的時間澈底碎片化。捧著手機刷社群軟體、逛逛網購、玩幾個簡單不用動腦的小遊戲，再追一部熱播劇，一天的時間就這樣消耗殆盡；有人可以一天 24 小時守在電腦前，不知疲倦；還有越夜越美麗的夜店、酒吧，讓人玩得不亦樂乎。百貨公司、夜市的電玩區，也能看到有人整天坐在遊戲機前，像上班一樣兢兢業業。

如果我們把大量的時間用在娛樂上，理想怎麼辦、未來怎麼辦，我們的人生格局又將怎麼辦？古人說「玩物喪志」，這並不是說不讓人娛樂，而是主張要在辛勤努力的奮鬥之

第七章　毅力，是格局的催化劑

後，再去心安理得地娛樂。如果你每天玩得沒完沒了，遲早會把自己玩完。人生被娛樂耗盡之後，你發現自己什麼都不會、什麼能力都沒有，人生經歷除了玩就是玩，人生格局根本連個影子都看不到。

不容否認的是，在娛樂面前抵制住誘惑是需要很大毅力的。畢竟玩這件事情是簡單、輕鬆，並且非常快樂的！相比於玩，奮鬥就顯得沉重許多，往往有很多難題需要我們去解決，還有不少挫折需要我們面對。可如果你能隨時提醒自己，等戰勝困難、理想實現後再去玩，那時玩的平臺和層次就不一樣了，那時收穫的快樂，將是普通人無法體會的。所以我們大可以去設想更好的娛樂方式，鄙視眼前娛樂的誘惑，這樣就會讓你勇往直前了。

很多時候，那些來自他人的評價和資訊，也會干擾我們。很多事情你已經做得很好了，還是有人喜歡冷嘲熱諷，用他狹隘的意識影響和干擾你，你開始自我懷疑，甚至偏離原先前進的方向。這就需要我們對眼前的一切都做出科學的衡量與判斷，你可以全面了解釋出言論者的經歷，同時認真傾聽自己內心深處的真實聲音。即便他人告訴你，有人在某個領域已經成功了，而你目前所做的事情根本行不通，我們也要憑藉毅力的保護，堅持自己的獨立見解，不能人云亦云。

人生如同一場奇妙的旅行，如果你已經確定了自己的目的地，就勇敢執著地前行吧！不要為沿途美景駐足停留，不要讓那些紛繁錯雜的事物迷惑了你的雙眼。有毅力的人，始終明白自己要的是什麼，只要你堅持走下去，成功就會成為必然。

第七章　毅力，是格局的催化劑

要堅持自己的理想和目標

在一所知名大學裡，有一間名為943的寢室，寢室裡住著四個年輕人。剛步入大學校園的時候，這四個年輕人曾相約要在四年中努力刻苦地學習，一起考上碩士研究生。於是，考研成了943寢室的理想。

可是第一個學期過去了，A同學遇到了心儀的戀愛對象。他每天都和戀人在一起看電影、玩遊戲、逛街吃飯，很少有時間學習。於是A同學覺得，為什麼要考研呢？現在自己最需要解決的問題應該是賺錢啊！所以他便嘗試去做很多兼職，複習考研基本上成了空談。

B同學倒是一直單身，不過面對大學裡無人督促的自在生活，他漸漸變懶了。B同學覺得自己學了那麼多年的書本知識，實在很枯燥乏味，現在進入了大學，終於沒人管了。他於是要求自己，只要保證每門功課及格，順順利利拿到畢業證書就可以了，為什麼還要讓自己那麼緊張，去擠考研的

要堅持自己的理想和目標

獨木橋呢？

　　C同學和D同學，認認真真地買來考研書籍，每天起早貪黑複習功課，研究考研趨勢。不過現實還是很殘酷，當他們真正參加研究生入學考試的時候，C同學雖然筆試過了，但是分數排名靠後，而且面試最終沒能透過。D同學就更慘了，筆試都沒有過。

　　這兩位同學大受打擊，再加上大學四年已經接近尾聲，眼看就要畢業了。D同學決定放棄考研，等到大學畢業後就回家找工作。只有C同學，因為很不甘心，所以決定再複習一年，再考一次研。

　　後來，943宿舍的所有人都大學畢業了。A同學去了戀人的家鄉，在那裡找了份工作，沒過多久就和戀人結婚了。B同學回到了自己的家鄉，透過親戚介紹，也找了份銀行職員的工作，每天過著朝九晚五的上班族生活。D同學和B同學一樣，回家鄉工作。只有堅持理想的C同學，乾脆在他要考研的學校附近租了間房子，每天依舊刻苦地複習。然而第二年，C同學又落榜了，他又複習了一年，終於在第三年，才真正考上了目標院校的碩士研究生。這之後，C同學又出國讀了博士，博士畢業後，在美國一家證券交易所謀得了一份理想的工作。

第七章　毅力，是格局的催化劑

943 宿舍裡的其他三個人還都是老樣子，只有 C 同學，因為對於理想的執著堅持，人生格局被一次次放大，整個人生也在不知不覺中發生了翻天覆地的變化。

理想對於我們而言，最大的價值就是能夠顛覆我們的人生，具有化腐朽為神奇的力量。寫出了《史記》的司馬遷，就是一個堅持理想的人。司馬遷的父親曾讓司馬遷遊歷名山大川，收集關於歷史的各種史料。在父親的鼓勵與支持下，司馬遷決定撰寫歷史書籍。可是天有不測風雲，原本一心一意撰寫歷史書籍的司馬遷性格太過耿直，在盛怒之下的漢武帝面前，為當時與匈奴打了敗仗的將軍李陵說情。漢武帝被惹惱了，將怒火發洩在了司馬遷身上，讓人把司馬遷關了起來。當時的執法官為了討漢武帝歡心，就判了司馬遷宮刑。

在監獄裡，司馬遷忍受著肉體與心靈的雙重折磨。他想到過要結束自己的生命，又實在是不甘心。當時司馬遷已經撰寫《史記》7 年了，他不想讓自己的理想破滅，再想到父親臨終前的叮囑，司馬遷決定無論如何都要把這本偉大的史學著作完成。司馬遷最終用了 14 年的時間將《史記》寫完，這部歷史學著作，被魯迅評價為「史家之絕唱，無韻之離騷」，是歷史學者們研究歷史的主要參考書籍，對於整個中華民族的歷史具有重要的文獻和研究價值。

無論他人如何評價我們的理想，我們自己要對它懷著一

種珍視的情感來看待。如果你自己都不重視它，覺得它是天方夜譚，那麼理想本身就失去了存在的價值。他人便會覺得你只是在做白日夢而已，甚至對你的理想冷嘲熱諷。

很多人到了一定的年齡，累積了一定的人生經驗和教訓後，開始不再做夢。曾經的理想被現實沖淡，他們甚至忘記自己在年少時還曾有過某個崇高的理想。這種人生狀態是可悲的，因為如果沒有理想的指引，就毫無成就感可言，極有可能迷失了自我。

所以，無論我們身處何種境地，也無關年齡，都要對自己的理想保持有一顆初心。這很難做到，卻需要我們盡全力去實現。理想有個亙古不變的真理，「你要相信自己能夠實現理想，它才會真正實現」。這個世界確實應該多一些理想主義者。也只有理想帶給我們的正能量，才可以衝破命運的牢籠。我們就是要親手掌握和創造自己的命運，懷揣著理想執著向前。

第七章　毅力，是格局的催化劑

承受挫折，才能衝破阻礙

五月天有一首名為〈倔強〉的歌，深受年輕人喜愛，特別是歌詞中那句「我和我最後的倔強，握緊雙手絕對不放，下一站是不是天堂，就算失望不能絕望」，唱出了你我想要頑強戰勝挫折的決心。挫折往往在於你怎麼看待它，如果你懷著必勝的決心勇敢面對挫折，那麼挫折往往會越變越小，同時你會收穫很多戰勝挫折的經驗。如果你把挫折想像得很難戰勝，懷疑自己的能力，對於戰勝挫折毫無自信，那挫折就會越變越大，這時你便極有可能被挫折壓垮。

我們卻又不得不承認，人生道路上，挫折無處不在。特別是你懷揣著夢想，想要把人生格局做大的時候，挫折隨處可見。大格局的人很多時候都在與挫折對戰，只有戰勝了挫折，我們才能知道自己做事情的問題所在，找到解決問題的方法，同時明確下一步究竟該做些什麼。從這個意義上來說，挫折成就了我們的人生格局。我們經歷的挫折越多，戰

勝的挫折越多，這其中的收穫便令我們的人生格局變得無比充實了。

挫折的最大意義在於它能夠讓我們變得成熟，如何讓一個人從容面對現實，能夠處變不驚？最好的答案就是讓他去經歷挫折。在挫折面前，那些自以為是或傲慢，都會被打擊得銷聲匿跡，毅力、勤奮、執著這些珍貴的特質會變得生機勃勃。

挫折是對人生的一種歷練，當你歷經了無數次挫折後，回過頭看看自己一路走過的坎坷辛苦，可能就會釋然。你會慶幸自己堅持著走過來了，慶幸自己沒有因為一時害怕挫折而選擇放棄。挫折帶給我們的並不是一個千瘡百孔、傷痕累累的靈魂，而是一個褪去了浮華的汙垢後，一塵不染並閃閃發光的核心。這個靈魂的核心是堅強的、充滿毅力的，其釋放的無數正能量，將幫助我們衝破前方的種種阻礙。

第七章　毅力，是格局的催化劑

時間終會給你最好的回饋

很多人之所以不敢拚盡全力去付出，主要的原因就是他們害怕自己得不到應有的回報，擔心自己會得不償失。這種關於回報的擔憂，經常困擾著人們，令他們在堅持與放棄之間左右搖擺，行動因此變得拖延與滯後。

得失心太重的人，不可能成為格局很大的人。如果你沒有毅力去把一件事情完成，而是總擔心自己做多了會吃虧，那麼你便什麼事情也做不好了。況且在這個世界上，做任何事永遠都是先付出才可能有收穫。當你真正願意去付出時間和精力的時候，你所經歷的一切，事實上就是一種最寶貴的回報。這些經歷對於一個人的價值，遠遠大於他所收穫的財富，甚至超越了他最終的成功。很多人意識不到經歷的可貴，總覺得自己是吃虧的。然而當你一旦意識到這些，那麼你的人生格局就會發生翻天覆地的變化，你主動去利用自己的經歷，它便可以令你收穫到難以想像的回報。

在付出與回報面前，有的人沒有耐心，稍微付出一點，就想立刻收穫。這就像是在地上播種，你需要經過一段時間的澆水、施肥，種子才能在土地裡生根發芽。你還要讓它多晒太陽，並時不時地除雜草，才能讓幼苗茁壯成長。經歷漫長的等待，才能看到一棵參天大樹或者是收穫萬畝良田。

時間是有趣的東西，它不會告訴你什麼時候可以有收穫，總是無情地消磨你的耐心，一次次考驗你、錘鍊你，讓你無數次想放棄，但也無數次想要堅持。往往在你已經對得失不再計較的時候，對於收穫也沒有最初那麼渴望的時候，才把最好的回饋給你。

在付出與回報面前，還有一個常令所有人感到困惑的問題：明明大家資質差不多，實力相當，甚至起點相同，為什麼有的人已經獲得了回報，有的人卻依舊兩手空空呢？這其中的原因往往是，後者還沒有拚盡全力，他的付出還不足夠。就像是在校園裡，同樣是一個班的同學，大家一起入學，一起聽老師講課，可是考試時，有人能考班級第一，有人則勉強及格。為什麼呢？因為前者在課後一遍又一遍地溫習功課，甚至請老師為自己補習，練習考卷反覆寫，多到能堆滿房間；後者在看電視、玩遊戲、逛街，一個都沒落下，就是很少翻開課本學習，更別說找習題來做。學習上沒有辛苦的付出，吸收的知識就不會扎實，又怎麼能考好呢？

第七章　毅力，是格局的催化劑

　　通常我們看到的那些光鮮亮麗背後，往往都有很多辛苦的付出。

第八章

不只世界在變,你也要改變

第八章　不只世界在變，你也要改變

如今科學技術飛速發展，世界每天都在發生著日新月異的變化。面對變化，一個大格局的人，又是如何淡然處之的呢？此時的明智之舉，就是去客觀看待變化，然後不斷充實自己，去適應變化，最終提升自己，有效掌控變化。大格局的人，一切盡在掌握之中，無論世界怎麼變，不變的永遠是關於真理和規律的大智慧。我們理應從容，不驕不躁地積極應對。

用長遠眼光看問題

先看兩則小故事：

有一隻生活在人類住宅裡的蒼蠅，活到了生命的最後一天，即將死去。牠的孩子問牠：「對於生活在室內的蒼蠅來說，活到壽終正寢的一天幾乎是不可能的。您是怎麼躲過人類的追殺的？」

老蒼蠅回答：「我總是盡可能地待在蒼蠅拍上。要知道，最危險的地方就是最安全的地方。如果人類想拿起蒼蠅拍來拍死我，我就可以立刻飛到他看不到的角落去。」

說完這段話，牠就去了另一個世界。沒想到，過了沒幾天，小蒼蠅就和老蒼蠅會合了。老蒼蠅問：「我不是已經教給你生存的方法了嗎？你怎麼還是被拍死了？」

小蒼蠅說：「除了去吃東西，我一直待在蒼蠅拍上。可是有一天，我被一種噴出來的液體殺死了。臨死前聽到人類在說『殺蟲劑果然好用』……」

第八章　不只世界在變，你也要改變

　　一位老人和一個年輕人在高爾夫球場打球，前八個球，老人贏了七個。年輕人覺得有點不服氣，心裡暗想一定要贏過老人。到了要打第九洞球時，前方有棵大樹擋住了路。這棵樹枝繁葉盛，足足有 20 公尺高。老人說：「這棵樹在這裡長了很長時間了，我年輕的時候，總是能把球打得比這棵樹高，讓球從樹頂上飛過去。不過現在嘛，我們還是繞過它吧。」

　　年輕人立刻接話道：「不，不用繞過去，我也能打那麼高。」於是他用盡全身力氣，把球往高處打去。一次，兩次，三次……眼看他越來越疲憊，球卻始終沒能飛越那棵樹。老人實在看不下去了，提醒年輕人：「年輕人，不要逞強了。我 20 年前能把球打得比樹高，是因為那時候這棵樹才 3 公尺多啊……」

　　這兩則幽默小故事，似乎在向我們傳達著同一個道理：如果處理事情不能隨著時間、環境的變化改變策略，結果很有可能不盡如人意。小蒼蠅和年輕人所犯的錯，往小了說只是留下個貽笑大方的笑柄，但如果從因果關係角度分析，則可以看出，他們的格局太小，遇事不考慮實際情況、不懂變通，做出的事情才會讓人覺得「傻」。

　　所謂格局，如今的資訊時代也可以理解為，我們收集了多少資訊，以及對資訊的理解方式和程度。想做一個格局大

的人，首先一定要有足夠的資訊累積。資訊瞬息萬變，又要求我們必須隨時更新自己的資料庫，跟上時代和具體環境的變化。只有做到這一點，才能在發展變化的社會中，隨時保持對事物正確的理解與認知，在任何變化中做一個大格局的人。

那麼，要想讓思想跟上時代步伐，讓大格局隨時「保鮮」，應該在哪些方面加以努力呢？

首先，要注意增長個人見識與提高自身修養。要想做事，需先做人。一個人只有把自己變得更好，才能更好地成就事業。

增長見識、提升修養，常見並且有效的方式就是多讀書。讀書的好處不言而喻，足不出戶，就能見識到大千世界、品讀他人的思想精華。

另外，多與不同圈子的人交往，多走出去看看世界，也能快速增長見識和提升修養。當然了，這裡說的交往，不能只在社交應酬上。與不同領域的人多進行有效溝通，了解自己之前不懂的東西，才是大格局的人聰明的做事方法。

其次，我們還要注意調整自己與外界的相處模式。人是社會性動物，每天必然要和他人進行各式各樣的交流。有的人舉手投足間都盡顯大氣，有的人則市井之氣顯露無遺，原

第八章　不只世界在變，你也要改變

因在於，前者隨時都在揣摩時代的進步與變化，總試圖以和諧的、讓人感覺舒服的方式與他人相處；而後者更在乎表達自己的意願和情緒，不願意去體會別人的感受。格局大小，一目了然。

當然，與外界打交道具體的方式，會因為所處的環境、所在的領域以及交流對象的不同而有所改變。不過，事物在特殊性之上也具有一定的普遍性。如今的社會，有幾種交流、相處模式是大眾普遍認同和推崇的。比如，眾多產業快速發展的現狀之下，契約精神就顯得越來越重要，過去的「人情社會」特徵則在慢慢淡化。所以如果有人還在不斷地請熟人「幫忙」，做事沒有契約概念，那他多半不受人歡迎。

再如，尊重他人權利、保護他人隱私，也越來越成為今天社會受歡迎的相處原則。放眼當今的都市，高樓林立。這也象徵著人與人之間一種新的相處模式在被接受、被推崇。人們的文明程度提高了，對精神感受的要求也在提高。因此人和人之間的交往必須有一個適度原則。以前你是知道我們家所有「祕密」的鄰居，現在我更希望我們是有選擇地交流心事的朋友。每個人心中都有願意與人「共享」的感受，也一定有只能和只想自己體會的心情，我尊重你的權利，你尊重我的選擇。在今天，修養好、素養高的人，不願探聽別人的隱私，也絕不會侵占別人的個人空間。所謂與人相處的大格

局，便是這樣了。

在職場，要想一直做個大格局的人，也必須要在思維和行動上「與時俱進」，比如工作模式、管理方式，以及職場規則與潛規則的運用。而要做到各方面不落人後，少不了虛心學習。有這樣意識和行為的人，在事業上往往能步步上升，即使失敗了，也總不乏從頭再來的勇氣和機會。

曾經有一位老人，在七十二高齡的時候經受了人生中最大的挫折 ── 他為之奮鬥幾十年、享譽日本的最大零售集團在一夜之間宣布破產了。很多人擔心這位老人會因為想不開選擇自殺，然而不久後，這位老人再次精神抖擻地出現在人們的視野中，七十多歲的他不但再次創業，而且選擇了一個看似年輕人才能發展的行業。很多人覺得他眼光太差，必敗無疑。結果老人請來年輕的合夥人，日日虛心地向年輕合夥人請教，一年之後，老人再一次將事業大廈矗立在人們的面前。這位老人便是日本曾經最大零售集團「八佰伴」（Yao-han）的總裁和田一夫。

新人向前輩請教容易，前輩虛心求教於後輩就不那麼容易了。能如此謙卑的人，誰敢說他沒有大格局呢？這樣的人取得極大成就，誰又敢說是偶然和運氣呢？

大格局的人並不是高高在上、不可一世的。相反，大格

第八章　不只世界在變，你也要改變

局的人最善於替別人思考，最善於從大局思考、從時代思考。既能融入群體，又能跟上時代節奏，這樣的人，當之無愧是大格局的典範。

別設限，挖掘自己的潛能

有個孩子一出生，媽媽就覺得他腿短。於是媽媽總說：「這孩子腿短，跑不快。」漸漸地孩子長大了，跑步的時候不小心摔了一跤，媽媽又說：「寶貝，別跑了，你腿短，不好跑。」等到孩子又長大一些上了學，每次體育課孩子都非常苦惱，尤其是老師讓大家賽跑的時候，這孩子就經常以各種理由向老師請假。

體育老師發現孩子不對勁，就把孩子找來談話。老師這下才知道，原來孩子是怕自己腿短跑不快，讓其他同學笑話。沒想到的是，體育老師只說了一句：「我也腿短，但我小時候就是喜歡上體育課，於是我每天勤奮地練習跑步，後來我在運動會上拿了冠軍呢！」孩子還是第一次聽說腿短也能跑得快的理論，他顯得特別興奮。

從那時起，他每天早上都要早早起床跑步，體育課也從不請假了。後來學校開運動會，孩子報名參加了一百公尺賽

第八章　不只世界在變，你也要改變

跑。雖然沒有奪得冠軍，但也取得不錯的名次。

老師的話，讓這個孩子衝破了自己腿短的限制。其實，腿長也好，腿短也好，沒有勤奮刻苦地練習，想要跑得飛快、在體育比賽上取得好成績，也都是不可能的。

他人怎麼看待我們並不重要，重要的是我們怎麼看待自己。如果一開始就先入為主地為自己打上某個烙印，那麼你永遠都只會活成自己想的那樣。也就是說，你認為自己注定了平庸，那麼你這輩子真的會活得很平庸，但如果你認為自己終將成為一個大格局的人、一個成功的傑出的人，那麼有一天這一切終究會實現。

有的人在音樂藝術領域具有令人羨慕的天賦，卻不善於人際交往；有的人肢體殘缺，時常被他人嘲笑，卻有著天才的大腦。人就是這樣一種複雜的生物。就他人而言，我們無論多了解對方，往往還是搞不清楚那人究竟有多少能耐。再看看我們自己，你對自己的能力又能有幾分把握呢？有時明明覺得自己不行，可是真的動手去做些事情後，突然驚喜地發現，自己竟然把事情辦成了！這種出乎意料的情況，在人的一生中不在少數。

我們曾經在前文提過尼克‧胡哲的例子，他出版過一本書叫做《人生不設限》。在這本書中，尼克‧胡哲說出了很多

發人深省的勵志名句，他在書的序言就告訴人們：「我從出生起就沒有了四肢，但這並不能限制我。」究竟有多少人，敢有尼克・胡哲這樣的勇氣，沒有了手腳，卻依舊可以到世界各國去旅行。身體上的殘疾捆綁不住思想的翅膀，現實中的種種困難，也終究無法禁錮靈魂的堅強。

充滿傳奇色彩的科學家史蒂芬・霍金（Stephen Hawking），在物理學研究方面是國際性權威，獲得無數榮譽，被稱為是 20 世紀最偉大的科學家之一。霍金撰寫的《新時間簡史》（*A Briefer History of Time*）、《胡桃裡的宇宙》（*The Universe in a Nutshell*）、《大設計》（*The Grand Design*）等著作，令全球讀者著迷。可是誰能想到這樣一個有著天才大腦的偉人，卻在 21 歲就全身癱瘓。他唯一能活動的地方只有手部的三根手指頭，連說話都不行。

即便如此，霍金的人生依舊充滿不可能。他出演了很多電視節目，特別是熱播的美劇《宅男行不行》（*The Big Bang Theory*），讓觀眾大吃一驚。他不能說話，卻藉助電子設備，透過電腦將自己的臉部肌肉運動轉化為聲音，還藉此出過唱片，贏得全球樂迷的關注。

霍金逝世後，全球掀起了一股更加狂熱的霍金浪潮。人們爭相購買霍金生前出版的書籍，緬懷他生前為整個人類做出的貢獻。我們在霍金身上看到的，無疑是一個大格局者不

第八章　不只世界在變，你也要改變

設限的精彩人生。

所以一個人如果想要格局不斷變大，就要以一種開放的心態，努力經營一種開放的人生。這樣的人生不設限，只要合情合法，想做什麼就盡最大的努力去做。不用擔心自己最終能不能完成，只要去嘗試、去行動，人生就會有很多華麗的轉變。

個人的發展是這樣，團隊、集體、國家的發展也是如此。時代的演變讓經濟得以飛速發展，無論是政治、經濟、文化，都有前所未有的進步，在這種持續的發展中，不要設限，而是在不斷挑戰中超越自我，以更加強大的姿態站在世界舞臺上。

只要你肯付出，就能創造幸福的生活；只要你肯積極進取，就會令自己的人生有所突破。我們理應更好地把握住身邊每一個機會，挖掘自己的潛能，並且創造未來，只有這樣，才算是沒有辜負眼前的大片美好！

格局多大，能解決的問題就多大

大格局的人，處理問題的思路往往會從大處著眼，再加上他們的平臺很大、人脈很廣，還有頑強的意志，所以在很多人看來很棘手的問題，對於大格局的人而言，處理起來就根本不費吹灰之力。

英國小說家亞瑟‧柯南‧道爾（Arthur Conan Doyle）筆下的福爾摩斯偵探，就是解決問題的專家。福爾摩斯心思縝密、善於觀察、道德高尚，掌握很多法律、解剖學等專業知識，又具有搏擊等專業技能，注定了福爾摩斯這個人物的與眾不同。他的眼睛像是一雙鷹眼，不會放過任何破案線索，還可以洞悉犯罪者最根本的犯罪動機。即便是遇到危險，福爾摩斯也能憑藉自己的大智慧化險為夷。

不過，福爾摩斯能解決的問題，其他人未必能解決，最典型的例子就是他的助手華生。儘管華生是個很貼心正直的助手，不過他的格局沒有福爾摩斯大，智慧也沒有福爾摩斯

第八章　不只世界在變，你也要改變

那麼多，身體更沒有福爾摩斯那麼強壯，所以華生注定只能成為福爾摩斯的搭檔，而不是另一個大名鼎鼎的偵探。

所以我們可以這樣認為，當一個人的格局足夠大時，再大的問題都有辦法解決。也就是說，如果你想讓自己的人生變得無所畏懼，就要從拓展自己的格局入手，把格局變大，可以手到擒來解決任何問題。這也是為什麼許多很成功的人在奮鬥的時候常遇到問題，有些問題甚至還曾將他一手創立的基業毀掉。可是當這個人真正站起來，創立了一番大事業，穩穩當當坐擁成功的時候，人生就真的順風順水了。

義大利著名的時尚奢侈品牌普拉達（PRADA），有誰會想到它最初只是歐洲一個小到不起眼的品牌，甚至一度因為過時，差點從時尚界消失。幸虧出現了兩位人物，一位就是普拉達品牌創始人馬里奧・普拉達（Mario Prada）的孫女繆西婭・普拉達（Miuccia Prada），另一位則是繆西婭的老公帕崔茲奧・伯特利（Patrizio Bertelli）。繆西婭憑藉著獨特的設計天賦，打破傳統，創造了一系列普拉達的時尚新品。伯特利則充滿商業頭腦，大範圍拓展普拉達產品的銷售管道，同時開始進行批次生產。普拉達不再只是一個歐洲傳統品牌的象徵，它開始走向世界，在全球銷售。普拉達也成了歐洲傳統工藝與現代時尚的最佳結合體，成功實現了國際化。

如今的普拉達，不只是眾多女性心儀的奢侈品牌，旗下

還推出深受男士喜愛的商品。你能在世界各地看到普拉達的精品店。很多人成了它的忠實粉絲，不惜為它一擲千金。普拉達所代表的高品質的時尚理念，也被更多人所接受。它成了人們身分、地位、財富的象徵，能夠擁有一件普拉達的產品，成了許多人夢寐以求的事情。

孟子說：「故天將降大任於斯人也，必先苦其心志，勞其筋骨，餓其體膚，空乏其身，行拂亂其所為，所以動心忍性，曾益其所不能。」但凡是大格局者，都要經過命運的前期打磨。無論是心靈還是身體，都免不了因為各式各樣的問題吃盡苦頭。但就是這些經歷，讓人累積了很多解決問題的方法和經驗。

既然決定成為一個格局很大的人，勢必意識到要面對很多棘手的問題，那就一定要用樂觀的、發展的觀點看待現實。即便有些問題一時解決不了，也不要著急，應該靜下心來尋找答案。更重要的是，要相信任何問題都會有解決的一天。

如果你已經被眼前的問題困擾得分外絕望，那才是真正的危險。因為絕望往往意味著行為的終止，在內心深處充斥著放棄的念頭。這樣的話，問題不僅會成為疑難雜症，甚至變成深入骨髓的頑疾。絕望的人容易被問題拖累，變得止步不前。

第八章　不只世界在變，你也要改變

　　總之，在面對問題時，格局大的人不會懼怕，通常還會主動迎向問題。他們深知問題具有時效性，也相信自己能解決問題。大格局的人在這樣發現問題和解決問題的過程中，逐漸邁上新臺階。發現問題時的挑戰性、解決問題後的成就感，有可能讓一個人上癮。

掌控前進的方向

想要在人生道路上取得成功，首先要有明確的方向。這個方向除了是你的人生理想外，還應該是所有與理想有關的事務，用學術一點的語言來說，就是目標體系。不過，成就大格局的人生，並不是件簡單的事情，大方向確定好之後，你更要站在全域性的高度上，將其牢牢把握，使思想和行動統一，才能保證我們始終向著正確的目標前進，不會偏離原來的航道，最終成為想要成就的自己。

有兩個酷愛旅行的人，他們都聲稱要將世界各地走遍。旅行者 A 為自己制定了明確的旅行方向和路線，僅用兩年時間，便完成他的環遊世界之旅。旅行者 B 卻是想遊覽哪裡就遊覽哪裡，花了很多時間和金錢，至今還是有很多地方沒有去。

我們可以仔細想一想，旅行者 B 在遊覽世界各地的時候，有沒有掌控方向？如果他不知道方向在哪裡，恐怕連遊

第八章　不只世界在變，你也要改變

覽目的地都找不到。這其中的關鍵是，旅行者 B 沒有站在全域性的角度上，掌控旅行的大方向。他想的總是自己想去哪裡、那裡又會有什麼，腦子裡除了僅有的地點，最多就是一條旅行路線。可是旅行者 A 卻不同，他事先把整張世界地圖裝進了大腦，從宏觀角度為自己規劃科學的旅行方向，按照這個方向，所有的旅行路線在組合的時候，便實現了完美的分配。於是當旅行者 A 真正行動的時候，他的效率便會非常高。

沒有方向的人生是盲目的。有方向，但這個方向不夠大，不足以和你的格局相匹配，你的行動和潛能就會受到限制。我們之所以強調格局對人生的重要意義，就是因為它能夠令你的視野開闊。

都說歲月是把殺豬刀。很多曾經對成功分外渴望的人，他們早年也為自己的人生指出了方向，只是在經歷了歲月的無數次屠戮之後，往往會被澈底扼殺。就像我們剛剛步入小學時，老師除了請大家自我介紹，有時還會問：「長大後的志願是什麼？」可能很大一部分孩子說想當老師，有的還會說想當醫生、警察、太空人等等。然而時過境遷，當我們成長為少年，再由少年走向成年，然後步入社會。你還記得自己曾經說過的話嗎？

人其實是非常健忘的，你以為自己可以銘記的東西，過

了很久、經歷了很多之後，卻在不經意間淡忘。我們曾經為自己設定的人生發展方向，也是如此。你可能因為馬不停蹄地忙碌，像陀螺一樣地旋轉，最終把自己弄昏。你還有可能面對很多誘惑，發現利益唾手可得，於是不想去面對那些折磨人的困難，而是停下腳步，選擇原地休息，或者走上岔路口，在安逸中迷失。

德國心理學家赫爾曼・艾賓浩斯（Hermann Ebbinghaus）指出，一個人的大腦對於事物的記憶，其實是有遺忘規律的。他根據人們的遺忘規律，繪製出一條遺忘曲線。這條曲線如同一條函式曲線，向我們展示人的遺忘規律是先快後慢的。不過艾賓浩斯還指出，對很多人來說，將一件事情澈底遺忘，幾乎是不可能的。這也從側面告訴我們，有些人在前進道路上，雖然忘記了他的大方向，但內心深處還是有某種記憶。當你在某種狀態中停滯不前的時候，可能某個不經意的舉動，或者是某個契機，就會令自己想起曾經的初衷，便會感到特別遺憾。事實上，艾賓浩斯想表達的是，意識到自己的遺忘規律後，只要能在最初的時間內強化相應的記憶，隨時提醒自己不要偏離大方向，就不會那麼健忘了，還可能因此練就出最強大腦。

站在全域性的角度，掌控人生的大方向，我們才能不偏離方向。盲目的前行、沒有找到適合自己的方向，都會令我

第八章　不只世界在變，你也要改變

們在人生的道路上迷失。所以，成大事者必須要有明確的方向感。與此同時，還要不斷強化自己關於方向的記憶，任何時候都要知道，自己究竟應當朝哪裡繼續走下去。

控制自己，直面壓力

　　新聞上曾報導過，有小學生因為難以承受來自父母和老師的壓力，寫下長篇遺書，有了輕生的念頭。人們在指責成年人給孩子過大壓力的同時，是否也應該換個角度，想想孩子的心靈是不是太脆弱了。在曾經的困難年代，孩子連學都沒得上，能夠進到學校好好學習成了很多人夢寐以求的事情。每天抱著書本寒窗苦讀的人，自然也不在少數。難道他們就沒有壓力嗎？可是他們選擇了珍惜，而不是逃避。

　　為什麼同樣是讀書，兩者之間會有這麼大的差別？其中很重要的一個原因就是，如今物質生活太好了，生活條件往往過於安逸。安逸使人變得懶惰，特別是人心，曾經在艱苦環境中可以自發產生的自我調節機制，反而在安逸環境下消失。我們開始變得無所適從，沒辦法掌控自我，於是人就陷入一種迷茫、混亂，甚至是瘋狂的狀態。行為也常會顯得很極端。

第八章　不只世界在變，你也要改變

　　我們還聽說過，很多功成名就的人突然憂鬱。即便他取得了令人羨慕的成功，在舞臺上、在人前光彩奪目，顯得無比輝煌，可是回到家後反而鑽起了人生的牛角尖。彷彿全天下都在跟自己作對，看什麼都不順眼，其實是自己在沒事找事。這也是自我調節的問題，不少名人因為不善於自我調節，最終親手毀了自己成功的人生格局，也就是我們常說的「站得越高，摔得越慘」。

　　真正的大格局者，非常善於自我調節，也只有掌握了這樣的能力，在瞬息萬變的時代中才能立足於不敗之地。自我調節最主要意義就是，它能夠讓一個人好不容易建立好的格局變得非常穩定。尤其是來自負面情緒方面的干擾，透過自我調節，能夠很好地緩解，最終轉化為正能量，這是極其難能可貴的！

　　究竟要採用什麼樣的方法來進行自我調節呢？

　　首先，培養一種興趣愛好是必要的。閱讀、瑜伽、搏擊、鋼琴、圍棋、摺紙、網球等等，無論哪種興趣愛好形式，只要能夠讓緊張的你充分放鬆下來，都可以盡力嘗試。沒有興趣愛好的人，精神領域極度空虛，特別是承受很大壓力的時候，從棘手的問題中暫時抽離，做些自己喜歡的事情很有用。暫時轉移注意力，會使你的思路會更加清晰，再重新面對原先的問題時，就會找到更好的解決問題的辦法。

其次,用文字的形式做心靈疏解。當你已經向很多人徵求意見,依舊百思不得其解的時候,試著把困擾你的問題寫下來。很多成功人士都有寫日記或是做筆記的習慣。因為文字能直觀呈現一個人的思路,有時在頭腦中顯得非常混亂的思路,寫成文字後反而變得明朗化。同時,用手書寫文字會感到疲累,因此在潛意識中,你往往會自動規避那些負面情緒和與核心問題無關的思路,以此減少自我的疲累。這是人的一種自我保護意識。不過這種類似於偷懶的自我保護,反而會令你的思路清晰起來,頭腦因此變得靈活。

最後,給自己適當的時間休息。人在特別疲勞的時候往往會失控,尤其是心靈,你會失去理智、變得狂躁。這時要給自己時間休息。找個安靜的地方,好好睡一覺。必要的時候,選擇遠離人群,讓自己的內心回歸平靜。當你睡飽了,重新打起精神,再去面對各式各樣的問題,以百分之百的鬥志去實現理想,為了拓展自己的人生格局繼續奮鬥,這時的狀態才是最棒的。不會休息的人,不可能成為一個大格局的人。適當停下前進的腳步,調整好自己,再重新出發,往往能夠收穫更大的成功。

每個人的每一天,都在發生著變化。與其被動接受改變,不主動適應,然後積極行動,變被動為主動,創造屬於自己的一番天地。我們免不了被各種挫折困擾,心靈很可

第八章　不只世界在變，你也要改變

能在某個時刻被失敗澈底打垮。不過如果你能夠做好自我調節，就不會迷失自我，它始終可以掌控在你的手中。經過自我調節後再次出發，一切會變得更好，人生也會變得更加精彩紛呈！

控制自己，直面壓力

國家圖書館出版品預行編目資料

大格局時代，讓世界為你的氣魄讓步：洞察變局 × 思維昇華 × 拓寬眼界……把握每一個當下，重塑格局，成為自己的人生領航人！ / 徐文 著 . -- 第一版 . -- 臺北市：樂律文化事業有限公司 , 2025.03
面； 公分
POD 版
ISBN 978-626-7644-70-6(平裝)
1.CST: 成功法 2.CST: 自我實現
177.2　　114001814

電子書購買

爽讀 APP

大格局時代，讓世界為你的氣魄讓步：洞察變局 × 思維昇華 × 拓寬眼界……把握每一個當下，重塑格局，成為自己的人生領航人！

臉書

作　　　者：陳烈仲
責任編輯：高惠娟
發　行　人：黃振庭
出　版　者：樂律文化事業有限公司
發　行　者：崧博出版事業有限公司
E - m a i l：sonbookservice@gmail.com
粉　絲　頁：https://www.facebook.com/sonbookss/
網　　　址：https://sonbook.net/
地　　　址：台北市中正區重慶南路一段 61 號 8 樓
8F., No.61, Sec. 1, Chongqing S. Rd., Zhongzheng Dist., Taipei City 100, Taiwan
電　　　話：(02) 2370-3310　　　傳　　　真：(02) 2388-1990
律師顧問：廣華律師事務所 張珮琦律師
定　　　價：299 元
發行日期：2025 年 03 月第一版
◎本書以 POD 印製